Geoffrey D. Falk

Gurus

Geoffrey D. Falk

Gurus

Zwischen Sex, Gewalt und Erleuchtung

Übersetzt und herausgegeben von Colin Goldner

Alibri

2011

Geoffrey D. Falk studierte Physik und Elektroingenieurswesen an der Universität von Manitoba (Kanada). Er ist Autor von *The Science of the Soul: On Consciousness and the Structure of Reality* (Nevada City/USA, 2004).

Die auf dem Cover abgebildeten „Drei Weisen Affen" – hier die Sandskulptur eines namentlich nicht bekannten Künstlers – entstammen ursprünglich der Ikonographie eines in Japan seit dem 14. Jahrhundert u.Z. sich ausbreitenden Volksglaubens namens „Koshin", der in den Traditionen von Taoismus, Shintoismus und Buddhismus wurzelt. Die drei Affen – Mizaru (nichts sehen), Kikazaru (nichts hören) und Iwazaru (nichts sprechen) – symbolisieren ein Leben, in dem nichts Böses vorkommt (weil es nicht gesehen, gehört und zur Sprache gebracht wird). Heute sind sie weltweit verbreitetes Kunst- und Kitschobjekt.

Photos aus dem Privatarchiv des Herausgebers. Trotz sorgfältiger Recherche konnten nicht alle möglichen Rechteinhaber ermittelt werden. Falls jemand Rechte an einem Photo besitzt, möge er/sie sich bitte mit Nachweis an den Verlag wenden.

Alibri Verlag
www.alibri.de
Aschaffenburg
Mitglied in der *Assoziation Linker Verlage* (aLiVe)

1. Auflage 2011

Umschlaggestaltung: Claus Sterneck
Druck und Verarbeitung: Sowa, Warschau

ISBN 978-3-86569-055-5

Inhaltsverzeichnis

Vorwort des Herausgebers

Die in Geoffrey Falks Buch vorgestellten Gurus stellen nur eine kleine Auswahl dar aus der Unzahl an Begründern, Anführern oder Hohepriestern all der zahllosen Religionsgemeinschaften, Sekten und Psychokulte, die weltweit ihre Geschäfte machen mit dem Bedürfnis nach „höherer Führung"; sie stehen als weltweit anerkannt „beste" ihres Metiers gleichwohl repräsentativ, sprich: die anderen sind sehr wahrscheinlich auch nicht besser.

Während eine Heerschar an Psychologen, Soziologen, Religionswissenschaftlern und dergleichen sich abmüht, eine kritische Auseinandersetzung mit den Inhalten der jeweils vertretenen Lehren zu führen, geht Falk einen anderen Weg. Er schaut auf das höchstpersönliche Verhalten des jeweiligen Gurus im Umgang mit seinen Anhängern und Schülern und überprüft, ob zumindest der „Erleuchtete" selbst den in der jeweiligen Lehre vorgegebenen Standards entspricht; oder ob für ihn irgendwelche Ausnahmen und Privilegien gelten, die letztlich die ganze Lehre ad absurdum führen: „Wenn nicht mal er selbst das kann ..."

Darüber hinaus stellt Falk Überlegungen an, weshalb es für Anhänger eines Gurus so schwierig ist, diesen, nachdem man einmal auf ihn hereingefallen ist, wieder zu verlassen, selbst wenn man seine Unzulänglichkeiten längst erkannt hat.

In der mehr als 500 Seiten umfassenden Originalausgabe des Falkschen Buches wird den spirituellen Lehrern anhand zahlloser Beispiele ihrer komplette Unfähigkeit nachgewiesen, wenigstens Minimalstandards von Anstand oder moralischer Integrität zu erfüllen; von höherer Intelligenz, Erkenntnis oder „Erleuchtung" ganz zu schweigen. Die in der vorliegenden Ausgabe des Buches verkürzt vorgestellten Beispiele guru-typischen Verhaltens – von pathologischem Größenwahn und krankhafter Machtbesessenheit hin zu offen kriminellem und jedem Anspruch auf Vorbildhaftigkeit hohnsprechendem Handeln – reichen völlig hin, um künftig keinem Guru mehr, egal ob er in Kutte, Soutane oder Straßenanzug daherkommt, mit Hochachtung oder Respekt zu begegnen; oder ihm auch nur ein Fünkchen kritiklosen Vertrauens entgegenzubringen.

Oktober 2011

St. Johann, Niederbayern

Colin Goldner

Einführung

Ob jemand in der Öffentlichkeit als Heiliger erscheint oder als Sünder: letztlich kommt doch die Wahrheit ans Licht.

Dieses Buch dreht sich um die Vergehen, die seit je geheimgehalten werden hinter den polierten Fassaden viel zu vieler als „heilig und weise" angesehener geistlicher Führer und der ihnen anhängenden Glaubensgemeinschaften.

Warum aber sollte jemand ein Buch schreiben wie dieses? Warum nicht das Augenmerk auf das „Gute" richten und lieber an der eigenen Selbsttransformation arbeiten?

Zum Ersten hofft man, anderen die Nöte ersparen zu helfen, die unweigerlich auf sie zukommen, wenn sie sich einer dieser Figuren anschließen. Allein schon das grundlegendste Bodhisattva-Gelübde [= aus der buddhistischen Lehre stammende Selbstverpflichtung], andere von Leid zu befreien, würde einem keine andere Wahl lassen, als seinen Teil ebendazu beizutragen. Zum zweiten habe ich selbst die schlimmsten neun Monate meines Lebens in einem von Paramahansa Yoganandas anerkannten südkalifornischen Ashrams [= klosterähnliches Meditationszentrum] verbracht und habe mich bis heute noch nicht vollständig von dieser grässlichen Erfahrung erholt. Ich betrachte das Schreiben dieses Buches daher als Teil meines eigenen Genesungsprozesses, sprich: als Teil meines Umganges mit den Nachwehen der „Weisheit", die mir im dortigen Umfeld von den loyalen und „göttlich inspirierten" Mitwirkenden zuteil wurde. Zum dritten lässt sich aufgrund meiner eigenen Kenntnis östlicher Philosophie hoffen, dass sich das alles ohne verzerrende Wiedergabe der jeweiligen metaphysischen Ideen bewerkstelligen lässt. Ohnehin geht es hier weniger um die Gültigkeit der theoretischen Ideen des jeweiligen [spirituellen] Pfades, vielmehr liegt das wesentlich größere Interesse darauf, wie die jeweiligen [Kult-]Führer, die diese Ideen verfechten, sie ins eigene Handeln umgesetzt haben, oftmals nämlich zum Nachteil ihrer Anhänger. Viertens liefert die Projektion der berichteten Verhaltensweisen in Ashrams auf die klassische Gefängnisstudie des Psychologen Philip Zimbardo, wie sie im Kapitel „Gurus und Gefangene" präsentiert wird, wichtige Einsichten in die Ursprünge und die Allgegenwart der Probleme, wie sie hier aufgelistet sind. Und fünftens: Wenn wir, um mit Sherlock Holmes zu sprechen, alles Unmögliche ausschließen, muss das, was übrig bleibt, wie unwahrscheinlich auch immer es erscheinen mag, der Fall sein. Dringen die berichteten Sachverhalte hinsichtlich der „Weisen" dieser Welt und ihrer Bewunderer ins Bewusstsein vor, schließen sich viele angenehme, aber „unmögliche" Hoffnungen aus, die man vielleicht mit Blick auf das Wesen von Spiritualität und Religion noch haben mag.

Dieses Buch wird vermutlich das Bewusstsein eines loyalen Schülers nicht ändern, der einer der spirituellen Figuren oder einem der Pfade, wie sie hier zur Rede stehen, anhängt. In der Tat kann keine noch so große Menge an Beweisen für Missbrauch oder Heuchelei seitens dieser Führerfiguren dies bei Anhängern erreichen, die überzeugt davon sind, in ihrem spirituellen Idol einen [oder *den*] „leibhaftigen Gott" gefunden zu haben. Der vorliegende Text mag aber vielleicht den einen oder anderen jener Anhänger berühren, die bereits auf halbem Wege sind zu erkennen, was um sie herum geschieht. Und er mag, wichtiger noch, eine „Kopf-hoch"-Ermutigung sein für jene, die ansonsten ausgesaugt würden von den Ansprüchen irgendeines „gottverwirklichten Wesens", so wie ich selbst zu Zeiten zum Narren gehalten worden war. Und dergestalt mag verhindert werden, dass sie sich überhaupt auf irgendeine dieser Organisationen einlassen.

Letztlich gewährleistet die Lebenseinstellung „Sieh' nichts Böses, hör' nichts Böses, sprich' nichts Böses" den Fortbestand der zur Rede stehenden Probleme. Niemand sollte die Augen verschließen angesichts krimineller Akte im weltlichen Bereich, wie Urkundenfälschung, Inzest, Vergewaltigung und dergleichen. Umsoweniger sollten dieselben kriminellen Akte so bereitwillig entschuldigt und vergeben werden, wenn sie in spirituellem Kontext begangen werden; insbesondere dann nicht, wenn sie von Führern oder Gefolgsleuten eines Kultes begangen werden, die darauf bestehen, „Gott auf ihrer Seite" zu haben, und dass jeder Widerstand gegen ihr Fehlverhalten oder ihren machtbesessenen Missbrauch anderer gleichzusetzen sei damit, man stehe unter dem Einfluss von Maya [= Hindubegriff für geistige Verblendung] oder des Satans.

Den Mund zu halten angesichts eines Übels bedeutet notwendigerweise, es zu billigen. Oder wie das Sprichwort sagt: „Zum Triumph des Übels in dieser Welt reicht es völlig aus, wenn die anständigen Menschen nichts tun." In den Worten Albert Einsteins: *Die Welt ist ein gefährlicher Ort;* [und das] *nicht der Menschen wegen, die böse sind, sondern derentwegen, die nichts dagegen tun.*

Januar 2009

Toronto, Ontario

Geoffrey D. Falk

I. Sprich nichts Böses

Man möchte gerne glauben, dass all die weltweit anerkannten „Heiligen und Weisen“ in ihren Gedanken und Handlungen immer nur das Beste für jedermann im Sinne haben. Man möchte gleichfalls gerne glauben, dass diese mit „göttlicher Liebe“ ausgestatteten und „erleuchteten“ Figuren niemals aus Eigennutz die Wahrheit verzerren oder ihre Macht benutzen, um ihre Anhänger sexuell oder sonst wie auszubeuten. Sie seien, so möchte man glauben, frei von den tief in der Seele lauernden Eigenarten, Vorurteilen, Heucheleien und Gewalttätigkeiten, die gewöhnlich Sterblichen zueigen sind. Desweiteren möchte man gerne glauben, dass die „Weisesten der Weisen“ in der Lage sein sollten, zwischen tragfähiger mystischer Erkenntnis und reiner Halluzination zu unterscheiden, und dass es all die Mirakel und Wunderheilungen, die sie geltend machen, tatsächlich auch gegeben hat.

Bedauerlicherweise hält keine dieser Hoffnungen auch nur elementarster rationaler Überprüfung stand. Insofern halten Sie ein außerordentlich böses Buch in Händen. Und zwar deshalb, weil es den Versuch unternimmt, einem größeren Publikum die schlimmsten der den verschiedenen „Gottesmännern“ vorgeworfenen Missstände vor Augen zu führen, die diese ihren Anhängern wie auch der Allgemeinheit im Laufe der letzten hundert Jahre zugemutet haben.

Indem wir die Spur der Verderbtheit mehr oder weniger chronologisch nachverfolgen, von der Einführung östlicher

Philosophie ins westliche Denken und Handeln Ende des 19. Jahrhunderts bis herauf zum heutigen Tage, werden wir eine Reihe von „Heiligen und Weisen“ kennenlernen. Mit wenigen Ausnahmen haben diese Figuren in der ein oder anderen Form authentische östliche Philosophie gelehrt. Ihres Inneseins hoher spiritueller Verwirklichungsgrade wegen waren sie weithin anerkannt und wurden entsprechend gepriesen. In der Tat lassen sich ohne Weiteres loyale Anhänger finden, die bis heute in Büchern und auf Webseiten Lobgesänge auf jede einzelne dieser Figuren und jeden ihrer spirituellen Pfade anstimmen. Kritische Stimmen zu finden, die über den „Unrat“ auf all diesen Pfaden berichten, erfordert dagegen etwas mehr Aufwand. Und das, obgleich es logischerweise die den „Heiligen und Weisen“ zum Vorwurfe gemachten übelsten Aspekte ihres Tuns sind, nicht die vielgepriesenen besten, die das Leben vormals hingebungsvoller Anhänger zunichte gemacht haben und diese mit der bohrenden Frage zurückließen, wie sie je so verblendet gewesen sein konnten, auf die Spruchblasen eines angeblich „vollkommenen Meisters“ hereinzufallen.

Dies ist insofern ein Buch voller „Unrat“. Es präsentiert nicht nur die jeweiligen – und nach einer Weile völlig unglaubhaften – Behauptungen der etwa vierzig mehr oder minder „authentischen“ spirituellen Figuren, die darin vorgestellt werden, über ihre „Perfektion“ oder „Gottverwirklichung“, sondern auch die ihnen zur Last gelegten Unzulänglichkeiten, insofern sie ihre Anhänger beeinträchtigt haben. Will man das alles in einem einzigen Buch abdecken, können naheliegenderweise nur die großsprecherischsten Behauptungen, die übelsten Marotten und schlimmsten Übergriffe eines jeden „Weisen“ dargestellt werden.

Sofern man keinen Gefallen daran findet, andere leiden zu sehen – oder sich den eigenen Prozess der Desillusionierung zu vergegenwärtigen und nochmals zu durchleben –, wird die Lektüre des Buches nicht angenehm sein. Wenn wir besagter Spur nachgehen, werden wir zahllose Übergriffe emotionaler, körperlicher und sexueller Art finden, alle verübt „im Namen Gottes". Am Ende all dieser Unerfreulichkeiten wird wenigstens eine Sache zweifelsfrei klar sein, die nämlich, dass wir mit „Göttern" wie diesen keine Teufel mehr brauchen. Alles Böse, das man ansonsten Satan oder Maya [= personifizierte Täuschung/Betrug] zuschreiben würde, wurde bereits verübt von dem ein oder anderen „gottverwirklichten Avatar" [= Herabkunft des Göttlichen] oder selbsternannten „perfekten Wesen".

Es ist durchaus vorhersehbar, dass die schockierenden Enthüllungen der folgenden Seiten unter den gehorsamen Anhängern der jeweiligen „Heiligen und Weisen" jede Menge „Heulen und Zähneknirschen" hervorrufen werden. In der Tat ist das gerade von jenen loyalen Anhängern eines spirituellen Pfades zu erwarten, für die die Vollkommenheit und Unfehlbarkeit des eigenen Führers unhinterfragbar ist, auch wenn sie zugestehen mögen, dass keiner der *anderen* der hier angeführten „Weisen" ist, was er vorgibt zu sein. (Der Vorteil, all die Vortäuschungen falscher Tatsachen und sonstigen Missstände in einem Buch zusammenzufassen, liegt exakt darin, dass man sehen kann, dass die „einzigartigen" Ansprüche des eigenen spirituellen Pfades genauso unhaltbar von zahllosen anderen Pfaden auch erhoben werden.) Wenn wir wirklich an Wahrheit interessiert sind, sollten wir es gleichwohl willkommen heißen, wenn die Heucheleien und schmählichen Übergriffe von Menschen in spirituellen Machtpositionen an den Pranger gestellt werden. Sie öffentlich zu entblößen ist letztlich die einzige Möglichkeit, sie zu stoppen. Daher: „Vorwärts und hinein in die Abgründe des Übels."

II. Ein bisschen Titte[1]

Sri Ramakrishna

Ramakrishna [1836-1886] wurde von seinen Anhängern und Bewunderern als eine Inkarnation Christi anerkannt. Als Mahendra Nath Gupta, ein berühmter Schüler Ramakrishnas seinem Meister gegenüber äußerte, er halte ihn für dieselbe Person wie Jesus und Chaitanya [= Hindu-Mystiker des frühen 16. Jahrhunderts u.Z.], *bestätigte dieser voller Enthusiasmus: „Derselbe! Derselbe! Gewiss dieselbe Person"* (Sil, 1998). Ramakrishna: *Ich bin ein Avatar* [= Herabkunft des Göttlichen]. *Ich bin Gott in menschlicher* Form (in Nityatmananda, 1967).

Die Geschichte des Yoga im Westen – und einhergehend damit die den Yogis vorgeworfenen und dem Vernehmen nach meist sexuellen Zwecken dienenden Fälle von Machtmissbrauch – beginnt mit Swami Vivekanandas Vorträgen auf der

1 Die originale Kapitelüberschrift „A Bit of a Booby" könnte doppeldeutig auch als Hinweis auf die beschränkte intellektuelle Kapazität Ramakrishnas gelesen werden: Der Begriff „booby" bezeichnet eigentlich den Tölpel, einen Seevogel aus der Ordnung der Pelikane, dessen Landgang etwas unbeholfen wirkt; übertragen steht der Begriff für Trottel, Einfaltspinsel, Dummkopf, daneben allerdings auch als vulgäre Bezeichnung für die weibliche Brust.

Weltausstellung von 1893 in Chicago. Vivekanandas eigene Geschichte hingegen beginnt mit seinem Guru Sri Ramakrishna, geboren 1836 in Indien. („Sri“ ist eine ostindische Ehrenbezeichnung, vergleichbar dem englischen „Sir“.) Die Aufmerksamkeit sei insofern zunächst auf Ramakrishna gerichtet.

Ramakrishna, der später von sich behauptete, er sei eine Inkarnation von Rama und Krishna [= hinduistische Mythenfiguren], liebte es, als kleiner Junge in Mädchenkleidung herumzulaufen und sich entsprechend zu geben (Sil, 1997). Er wurde darin von seinen Verwandten unterstützt, die ihm, passend zu seinem mädchenhaften Körper und zu seiner als mädchenhaft gesehenen Psyche, Mädchenkleider und Goldschmuck kauften. *Auf einem erhalten gebliebenen Photo Ramakrishnas kann man gut erkennen, dass er recht wohlgeformte und feste Brüste hatte – sehr wahrscheinlich ein Fall von Gynäkomastie...* [= hormonell bedingte Vergrößerung der Brustdrüse beim Mann]. *Ramakrishna könnte im Sprachgebrauch moderner medizinischer Psychologie auch als „she-male“ bezeichnet werden, als Mann, der trotz männlicher Genitalien eine weibliche Psyche und weibliche Brüste besaß.*[2]

Einmal saß er nach der Mittagspause mit verrutschtem Lendentuch herum und merkte an, er sitze da wie eine Frau, die gerade dabei sei, ihr Baby zu stillen. Tatsächlich ließ er oftmals seinen (erwachsenen) Lieblingsschüler Rakhal Ghosh an seiner Brust saugen... Gegenüber seinen Anhängern und Schülern stellte er unumwunden erotisches Gebaren zur Schau... oftmals posierte er als „Freundin“ oder „Mutter“ und berührte oder umarmte sie liebevoll (Sil, 1998). Jeder, der einen Erwachsenen an seiner Brust saugen lässt, sieht oder behandelt diesen Erwachsenen als Kind. So-

2 Der (Slang-)Begriff „she-male“ bezeichnet in abwertender Form transsexuelle bzw. transgender Frauen; in der modernen medizinischen Psychologie wird der Begriff nicht verwendet.

fern es dabei auf das „Kind“ gerichtete sexuelle Anziehungskräfte gibt, führt kein Weg an der offenkundig pädophilen Komponente des Ganzen vorbei. Nachdem Ramakrishna das erste Mal Vivekananda gesehen hatte, bekannte er: *Es gab andere Knaben, die hierherkamen. Ich fühlte mich enorm zu einigen von ihnen hingezogen, aber das war nichts im Vergleich dazu, wie ich von Vivekananda angezogen wurde* (Disciples, 1979). Er bezeichnete seinen neuen Lieblingsschüler verschiedentlich als „Rotäugigen Monsterkarpfen“, als „Riesenkochtopf“[3], als „Großen Bambus mit Löchern darin“ oder als „Täuberich“. Die dokumentierten homoerotischen Anwandlungen Ramakrishnas bedeuten gleichwohl nicht, dass er „praktizierender Homosexueller“ war.[4] Zugleich aber können sie nicht ohne Bezug gesehen werden auf seine Sicht des weiblichen Körpers als nichts weiter denn „Blut, Fleisch, Fett, Gedärm, Würmer, Pisse, Scheiße und dergleichen“ (in: Nikilananda, 1984). Tatsächlich offenbarte Ramakrishna: *Ich habe furchtbare Angst vor Frauen... ich sehe sie als Tigerinnen, die mich verschlingen wollen. Ich sehe sie alle als Ungeheuer... Wenn mein Körper von einer Frau berührt wird, wird mir übel... Der berührte Körperteil schmerzt, als wenn er von einem Seewolf gebissen worden wäre.*[5] (ebd.)

Wir können auch die Zwanghaftigkeit Ramakrishnas nicht ignorieren, mit der sich seine Gespräche um Anus und Fäkalien drehten.[6] *Selbst die Erfahrung seiner „höchsten Erkenntnis“, dass Paramatman, das Sammelbecken allen Wissens, innerhalb des individuellen Selbst existiere, war abgeleitet vom Anblick eines Grashüpfers, der einen kleinen Stock in den Anus eingeführt hatte!* (Sil, 1998)

---

3 Der originale Begriff „very large pot“ könnte auch mit „sehr große Latrine“ übersetzt werden.

4 Praktizierte Homosexualität wäre *per se* auch nicht verwerflich gewesen.

5 Der Seewolf ist ein Tiefseefisch mit massigem Kopf und starken Kiefern, die mit Fangzähnen besetzt sind.

6 Im Original ist von „anus and shit“ die Rede.

Vor dem Hintergrund all dieser Faktoren sollte es nicht verwundern, dass Ramakrishnas eigene spirituelle Disziplin mehrere merkwürdige Wendungen nahm: *Als Priester des Kali-Tempels in Dakshineswar pflegte ich meinen eigenen Penis als Shiva Linga* [= hinduistisches Phallussymbol, meist aus Stein gemeißelt] *zu verehren... Verehrung eines lebendigen Linga. Ich schmückte ihn sogar mit einer Perle* (in: Nikhilananda, 1984). Gleichwohl war sein Verehrungskult nicht auf die eigenen Genitalien beschränkt: *Ramakrishna hielt vulgäre Schimpfworte für ebenso bedeutungsvoll wie Veden und Puranas* [= Heilige Schriften des Hinduismus], *er war nachgerade versessen auf rituelles Rosenkranzzählen (japa), bei dem er fortwährend das Wort „Fotze" murmelte.*[7] (Sil, 1998) In der Tat, so der vorgebliche Avatar seinen Anhängern gegenüber: *In dem Moment, in dem ich das Wort „Fotze" murmle, sehe ich die kosmische Vagina vor mir... und versinke darin* (Sil, 1998).

1861 jedenfalls begann Ramakrishna, der kurz zuvor geheiratet hatte, mit einer Lehrerin namens Yogeshwari tantrisches (sexuelles) Yoga zu praktizieren. (Seine Braut war ein fünfjähriges Mädchen namens Sarada gewesen, das der seinerzeit 25jährige Yogi selbst ausgewählt, nach der Verehelichung aber zur Erwachsenwerdung bei ihren Eltern belassen hatte.) Die Rituale, die der eifrige Student im Zuge seiner spirituellen Übungen *(sadhana)* durchführte, umfassten den Verzehr dessen, was Hunde und Schakale nach ihren Mahlzeiten übrigließen; auch den Verzehr von „Fisch und Menschenfleisch, zubereitet in einem menschlichen Schädel" (Sil, 1998). Versuche, ihn an rituellem Sex mit einer (Sex-)

---

7 Im Original ist von „cunt" die Rede, einem obszönen (Slang-) Begriff für das weibliche Genital. Mit „Rosenkranz" ist die hinduistische Mala gemeint, eine Gebetskette mit 108 Perlen.

Gefährtin teilhaben zu lassen – wesentlicher Bestandteil des Tantra –, waren allerdings weniger erfolgreich. Tatsächlich endeten diese Versuche darin, dass er in hypnotische Trance verfiel und sich später darauf beschränkte, *anderen* beim rituellen Koitus zuzusehen.

Nachdem seine Ehefrau herangewachsen war, versuchte Ramakrishna in nämlicher Manier, mit ihr Geschlechtsverkehr auszuüben, versagte aber ebenfalls. Dies hinderte die junge Frau nicht daran, gleichwohl ihre eigenen spirituellen Ansprüche abzustecken: *Indem sie ihren Ehemann als Gott ansah, gewann Sarada die Überzeugung, dass sie, als seine Ehefrau, gleichfalls göttlich sein müsse. Sie folgte darin der Behauptung ihres Ehemannes, dass sie tatsächlich die Ehefrau Shivas* [= führende Hindu-Gottheit] *sei. Sarada verkündete später: „Ich bin Bhagavati, die Göttliche Mutter des Universums"* (Sil, 1998).

In Bezeugung des tiefen Respekts, den jeder loyale Schüler für seinen Guru empfindet, erklärte Vivekananda, Ramakrishna sei der „größte aller Avatare" (Sil, 1997), eine Einschätzung, die gleichwohl nicht von jedem geteilt wurde, der den „Großen Weisen" kannte: Hriday, sein Neffe und Geschäftspartner, hielt ihn für einen ausgemachten Trottel (Sil, 1998). Als Teil seiner geltendgemachten Avatarschaft erhielt Ramakrishna jedenfalls den Ehrentitel „Paramahansa", was soviel bedeutet wie „Allwaltender Schwan". Die Bezeichnung weist auf die höchste spirituelle Verwirklichung des Trägers hin, mit Bezug auf das Bild eines Schwans, der in der Lage sein soll, aus einer Mixtur von Milch und Wasser nur die Milch herauszusaugen. Im Jahre 1885 wurde bei Ramakrishna Kehlkopfkrebs diagnostiziert. Bei seinem Tod ein Jahr später hinterließ er mehrere tausend Schüler (Satchidananda, 1977). Wie erwartet übernahm Vivekananda deren Führung.

III. Das hübsche Entlein

Swami Vivekananda

Vivekananda gilt nicht nur als patriotischer Prophet des wiedererstehenden Indien, sondern als wesentlich mehr – als Inkarnation von Shiva [= führende Hindu-Gottheit], *Buddha und Jesus* (Sil, 1997). *Von Geburt an vollkommen, bedurfte Vivekananda keiner spirituellen Disziplin für seine eigene Befreiung. Was immer er an spirituellen Übungen praktizierte: diese dienten nur dem Zweck, den Schleier zu lüften, der seine wahre göttliche Natur und Mission in der Welt verhüllte. Schon vor seiner Geburt hatte Gott ihn als Sein Instrument auserwählt, Ihm bei der spirituellen Erlösung der Menschheit zu helfen* (Nikhilananda, 1996).

Vivekananda, geboren 1863 in Kalkutta, begann im Alter von sieben Jahren mit Meditation; im Alter von acht Jahren, so seine Behauptung, habe er seine erste Samadhi-Erfahrung (= „Erleuchtung") gemacht. *Er sah sich selbst als Brahmachari, einen zölibatären Gelehrten der Hindu-Tradition, der hart arbeitete, asketische Selbstzucht schätzte, heilige Gegenstände mit Ehrfurcht behandelte und Gefallen hatte an reinen Worten, Gedanken und Werken* (Nikhilananda, 1996).

Er war ein gutaussehender und muskulöser, gleichwohl etwas untersetzter Jugendlicher mit der Kinnlade einer Bulldogge, als er, 18-jährig, im Jahre 1881 erstmalig auf seinen Guru Ramakrishna traf. *Als bevorzugter und tonangebender Schüler des „Allwaltenden Schwans" wurde das junge „Entlein" Vivekananda von dem rundum entzückten homoerotischen Meister ununterbrochen umschmeichelt, getätschelt und glauben gemacht, er sei eine auf alle Zeit selbstverwirklichte Person... gefeit gegen alle Verlockungen... durch Frauen oder irdische Güter* (Sil, 1997).

Vivekananda legte seine monastischen Gelübde im Jahre 1886 ab, kurz vor dem Tod seines Gurus. Er wurde dadurch zum Swami (was soviel bedeutet wie „Herr über das eigene Selbst"). Der Begriff ist ursprünglich schlicht die Bezeichnung eines von dem Hindu-Gelehrten Shankara im 8. Jahrhundert u.Z. begründeten Mönchsordens.[8] Die Annahme dieses Würdentitels umfasst formelle Zölibats- und Armutsversprechen. Interessanterweise behauptete Vivekananda in späteren Jahren, die Reinkarnation Shankaras zu sein (Sil, 1997).

Nach Jahren hingebungsvoller Verehrung für seinen mittlerweile verstorbenen Guru jedenfalls kam Vivekananda im Alter von 30 Jahren nach Amerika. Auf dem 1893 in Chicago veranstalteten „Parlament der Weltreligionen" stellte er der amerikanischen Öffentlichkeit den Hinduismus vor. *Als völlig Fremder in der Welt extrovertierter, gebildeter und wohlhabender Frauen war er wie in Bann geschlagen von deren Großzügigkeit, Liebenswürdigkeit und unverhohlen gezeigter bedingungsloser, ja nachgerade besessener Bewunderung für den gutaussehenden, jungen, witzigen und irgendwie auch bezaubernd naiven „virgin male" aus einem fernen Land* (Sil, 1997).

Bei näherer Hinsicht indes scheinen seine von Ramakrishna gerühmte „Unverdorbenheit", sein „Gefallen an reinen Werken" sowie sein „Gefeitsein gegen die Verlockungen der Frauen" nicht ganz so vollkommen gewesen zu sein. Wie

8 Shankara lebte etwa 788-820 u.Z.

er später zugab, habe er *in Gesellschaft von Freunden Bordelle besucht und auch alkoholische Getränke zu sich genommen* (Sil, 1997).

Allerdings will er nicht an den verschiedenen Vergnügungen mit den Damen dieser Etablissements teilgenommen haben. Vielmehr, so sein eigenes Zeugnis, sei er von seinen Freunden dorthin verschleppt worden, die gehofft hätten, ihn nach dem Tod seines Vaters dadurch etwas aufmuntern zu können. Er hingegen habe nach ein paar Drinks begonnen, den Damen Vorträge zu halten, was aus ihnen im nächsten Leben werden solle nach solcher Sündhaftigkeit. Er sei daraufhin hinausgeworfen worden (Sil, 2004). Wie auch immer, so Vivekanandas Beobachtung: „Wenn man fortgesetzt mit dem Feuer spielt, wird man sich auch irgendwann verbrennen“: *Einmal erwachte in mir das Gefühl der Lust. Ich war so angeekelt von mir selbst, dass ich mich auf einen Topf mit brennendem Feuerholz setzte; es dauerte lange Zeit, bis die Wunden verheilt waren* (in Sil, 1997).

Vivekananda behauptete mit Stolz, er habe die „Welle des Vedanta [= Hindu-Philosophie] voranbracht, die die Welt überflutet“. Er sagte vorher, dass „vor Ablauf von zehn Jahren [= spätestens 1900] die große Mehrheit der Engländer Anhänger des Vedanta“ sein würden (in Sil, 1997).

Im Jahre 1898 behauptete Vivekananda, eine ekstatische Vision des Gottes Shiva gehabt zu haben, in der dieser ihm habe die Gnade zuteil werden lassen, nicht zu sterben, bevor er selbst dies wolle (Nikhilananda, 1996). Der kettenrauchende, diabetische Weise verstarb gleichwohl kurze Zeit später, im Jahre 1902, nachdem seine Gesundheit zusehends verfallen war.

IV. Liebste Mutter

Aurobindo

In seinem Buch *Integral Psychology* (2000) ernennt US-Autor Ken Wilber Sri Aurobindo (1872-1950) zum „bedeutendsten modernen Philosophen und Weisen Indiens".

Tatsächlich lief Aurobindo gehörig neben der Spur, zieht man allein seine vorgeblichen Beiträge zu den Bemühungen der Alliierten im Zweiten Weltkrieg in Betracht: *Sri Aurobindo stellte all seine astrale Macht hinter die Alliierten und insbesondere hinter Churchill. Ein besonderes Ereignis, bei dem er seine Hände im Spiel hatte, war der erfolgreiche Rückzug von Dünkirchen. Wie in einigen Geschichtsbüchern nachzulesen ist, nahmen die deutschen Truppen „aus unerklärlichen Gründen" Abstand von einem schnellen Vorrücken, das fatal für die Alliierten gewesen wäre* (Huchzermeyer, 1998). Andere Bewunderer Aurobindos glauben, das Entkommen der Alliierten sei durch einen Nebel unterstützt worden, den der Yogi mittels seiner Bewusstseinskräfte ausdrücklich über den Wassern des Ärmelkanals habe aufkommen lassen, um die Truppen auf ihrem Rückzug zu verbergen (GuruNet, 2003).

Auch Aurobindos sprituelle Partnerin „Die Mutter“[9] soll die Mühsal der Kriegszeiten auf metaphysischem Wege gelindert haben: *Aufgrund ihrer okkulten Fähigkeiten war die Mutter in der Lage, tief in Hitlers Wesen zu blicken. Sie sah, dass er Kontakt hatte zu einem astralen Dämon (usura), der am Beginn eines jeden Krieges steht und der jede Anstrengung unternimmt, die Herabkunft der Welteneinheit zu verhindern* (Huchzermeyer, 1998). *Als Hitler einen militärischen Erfolg nach dem anderen erzielte, während die Mutter versuchte, Gegenteiliges zu bewirken, sei, wie sie sagte, das leuchtende Wesen, das Hitler leitete, von Zeit zu Zeit in den Ashram* [= Aurobindos Kloster in Südindien] *gekommen um nachzusehen, was dort los sei. Als die Dinge sich zusehends verschlechterten, habe sie sich für eine neue Strategie entschieden: Sie habe die Form des leuchtenden Wesens angenommen, sei Hitler erschienen und habe ihm den Rat gegeben, Russland anzugreifen. Auf dem astralen Rückweg zum Ashram habe sie das richtige Wesen getroffen, das fasziniert gewesen sei davon, dass sie ihm zuvorgekommen sei. Hitlers Angriff auf Russland besiegelte seinen Niedergang* (MSS, 2003). „Die Mutter“ glaubte weiterhin, sie sei in früheren Leben Königin Elizabeth I. von England gewesen; auch Zarin Katharina von Russland, Frau von Peter dem Großen, eine ägyptische Pharaonin, die Mutter von Moses und nicht zuletzt Jeanne d'Arc.

Indiens Unabhängigkeit von britischer Herrschaft folgte bald nach dem Ende des Zweiten Weltkrieges. Aurobindo selbst tat zu diesem Anlass öffentlich kund: *Der 15. August 1947 ist der Geburtstag eines freien Indien. Er markiert das Ende einer alten Ära und den Beginn eines neuen Zeitalters... Der 15. August ist zugleich mein eigener Geburtstag und es erfüllt mich mit Genugtuung, dass er diese gewaltige*

9 Bei der „Mutter“ handelte es sich um die Malerin Mira Alfassa (1878-1973), vormals Ehefrau eines französischen Militärs, die sich 1920 in Aurobindos Ashram im südindischen Pondicherry niedergelasssen hatte.

Bedeutung erlangt hat. Ich bewerte diese Übereinstimmung nicht als zufälliges Ereignis, sondern als Bestätigung und Siegel der Göttlichen Macht, die die Schritte meiner Arbeit lenkt seit Anbeginn meines Lebens, als den Beginn ihrer vollen Verwirklichung (in Nirodbaran, 1990).

Ebendies war, zusätzlich zu seinen eingebildeten Kriegsleistungen für die Alliierten, der größensüchtige Geisteszustand des „bedeutendsten Philosophen und Weisen Indiens". Anzumerken ist, dass es sich dabei um Aurobindos eigene Angaben handelt, nicht um möglicherweise übertriebene Darstellungen seitens seiner Anhänger. Bei aller Selbstüberhebung und allem Narzissmus der Guru-Figuren dieser Welt kommt es nicht oft vor, dass einer sich derart unverschämt zur Schau stellt, wie Aurobindo dies in seinen aufgeblasenen Äußerungen tat.

Selbstverständlich hatte der „Philosoph und Weise" Aurobindo, wie andere spirituelle Figuren auch, sich nicht in solch schwindelnde Höhen hinaufentwickelt, ohne in früheren Leben schon Größe erlangt zu haben: *Sri Aurobindo galt in seinem Ashram* [= Kloster] *als Wiedergeburt Napoleons, dessen Geburtstag ebenfalls auf dem 15. August lag. In vorhergehenden Leben, so glaubte man, sei er Leonardo da Vinci, Michelangelo, Krishna und viele weitere Personen gewesen* (GuruNet, 2003). Als Inkarnation Krishnas wäre er selbstredend ein Avatar gewesen, was er ausdrücklich auch behauptete, zu sein.

Nicht genug damit, dass Aurobindo sich für die Wiedergeburt Leonardo da Vincis hielt, behauptete seine spirituelle Partnerin, „die Mutter", auf dem Gemälde der „Mona Lisa" als ebendiese abgebildet zu sein (Light, 2003).

„Von Anbeginn der Weltgeschichte", wie die Mutter erklärte, *„führte stets Sri Aurobindo – in der einen oder anderen Form und unter dem einen oder anderen Namen – den Vorsitz über die großen Transformationen auf der Erde"* (Paine, 1998).

V. Der Krinsh[10]

Jiddu Krishnamurti

Der Messias oder Weltenlehrer sollte der traditionellen Hindu-Figur des Avatar entsprechen, einer göttlichen Person, zu bestimmten kritischen Zeiten in die Welt entsandt, um das Heraufdämmern eines neuen religiösen Zeitalters zu überwachen (Vernon, 2001).

Jiddu Krishnamurti (1895-1986) wurde als Teenager im Jahre 1909 von Charles Leadbeater, einem Mitglied der Theosophischen Gesellschaft, an einem Strand im indischen Madras entdeckt. Die Theosophische Gesellschaft selbst war im Jahre 1875 von der osteuropäischen „Seherin" Madame

10 Die originale Kapitelüberschrift „The Krinsh" nimmt ironisch Bezug auf die in den USA sehr populäre Figur „The Grinsh" aus dem Roman *How the Grinch Stole Christmas* von Theodor Seuss Geisel aus dem Jahr 1957. Im Jahre 2000 wurde die Geschichte als Fantasykomödie verfilmt. Mit Jim Carrey in der Titelrolle wurde der Film zum Kassenschlager, der mehr als 230 Millionen US-Dollar einspielte. Der Grinch, eine übellaunige Kreatur mit grünem Gesicht, gelben Augen und grauenhaftem Mundgeruch, lebt allein in einer Berghöhle. Er hasst fröhliche Menschen. Als Weihnachtsmann verkleidet stiehlt er am Abend vor dem Fest die Geschenke der Bewohner eines nahegelegenen Ortes. Letztlich erkennt er die Bedeutung des Weihnachtsfestes und gibt die Geschenke wieder zurück. Übellaunig bleibt er aber weiterhin.

Helena P. Blavatsky (1831-1891) in New York gegründet worden. Die Mitgliederzahl der Gesellschaft überstieg bald 100.000; 1882 wurde im indischen Adhyar [= Vorort von Madras] ein Asien-Hauptquartier eingerichtet. *Die Theosophische Gesellschaft war zu Beginn enorm erfolgreich und zog Konvertiten vom intellektuellen Format eines Thomas Edison oder des Darwin-Freundes und -Mitarbeiters Alfred Russel Wallace an* (Storr, 1996). *Keine geringere Autorität als der Zen-Gelehrte D. T. Suzuki ließ sich herbei zu sagen, dass Blavatskys Auslegung der Buddhistischen Lehre in „Die Stimme der Stille"* [The Voice of Silence] *eine Initiation „in die tieferen Aspekte der Mahayana-Doktrin"*[11] *bezeugten* (Oldmeadow, 2004).

Der Religionswissenschaftler *William. E. Coleman zeigte, dass Blavatskys „Die Entschleierte Isis"* [Isis Unveiled] *nahezu durchgängig ein Plagiat aus etwa hundert zeitgenössischen Texten darstellt, die sich hauptsächlich auf alte und exotische Religionen, auf Dämonenkulte, Freimaurerei und Spiritismus beziehen... „Die Geheimlehre"* [The Secret Doctrine] *wiederum verriet ihr Plagiat, nun waren ihre Quellen in erster Linie Arbeiten über Hinduismus und moderne Wissenschaft* (Goodrick-Clarke, 2004). Blavatsky selbst lehrte die Existenz einer Hierarchie „Aufgestiegener Meister", einschließlich eines gewissen Lord Maitreya, des Weltenlehrers, dessen bisherige Inkarnationen sowohl Krishna [= hinduistische Mythenfigur] als auch Jesus beinhalteten. Ebendiese Meister waren allerdings realen Figuren des öffentlichen Lebens nachempfunden, sprich: Personen, die in die politische Umgestaltung Ostindiens involviert waren. Sie wurden betrügerischerweise auch auf anderem Wege kontaktiert: *Blavatskys Haushälterin, Emma Cutting, führte vor, wie sie und HPT* [= Blavatsky] *gemeinsam eine Pup-*

11 Mahayana (sanskr. = Großes Fahrzeug) stellt eine der drei Hauptrichtungen des Buddhismus dar, der es um „Leiderlösung" nicht nur des Einzelnen sondern aller fühlenden Wesen geht.

pe gebastelt hatten, die sie an einem langen Bambusstab im Halbdunkel bewegten, um die angeblichen Erscheinungen der Meister vorzutäuschen. Emma hatte auch „herniedergekommene" [= gechannelte] *Schreiben aus Löchern in der Zimmerdecke auf theosophische Köpfe flattern lassen, während ihr Ehemann Schiebetüren und verborgene Eingänge in den Schreinraum (der direkt an Blavatskys Schlafzimmer anschloss) gefertigt hatte, um Blavatskys Erscheinen und Verschwinden zu bewerkstelligen und die Bereitstellung all der Broschen und Schüsseln und sonstigen Gegenstände zu ermöglichen, die sie bei ihren Darbietungen (d.h. für ihre behaupteten Materialisierungen oder „Apports"* [= Erscheinenlassen von Gegenständen aus dem Nichts]) *brauchte... Der russische Journalist V. S. Solovieff gab an, Blavatsky auf frischer Tat mit jenen Silberglöckchen ertappt zu haben, die in Séancen astrale Musik hervorriefen... Blavatsky räumte Solovieff gegenüber freimütig ein, dass die angeblichen Phänomene Betrug waren und fügte hinzu, dass man die Menschheit betrügen müsse, um sie beherrschen zu können* (Washington, 1995).

Blavatsky starb 1891. Schon vor ihrem Dahinscheiden hatte Leadbeater die Behauptung zu verbreiten begonnen, er selbst channele nunmehr Botschaften der von Blavatsky erfundenen „Meister". Zuvor (und auch danach) war dem bekanntermaßen „hellsichtigen" Leadbeater überdies vorgeworfen worden, sich einer Reihe von Jugendlichen gegenüber unsittlich verhalten zu haben: *Einer von Leadbeaters bevorzugten Knaben beschuldigte ihn, Jungs unter dem Deckmantel okkulten Trainings heimlich das Onanieren beizubringen, samt der Behauptung, Masturbation sei nur das Vorspiel zur Befriedigung homosexueller Lust* (Washington, 1995). Jedenfalls, wie der „Hellsichtige" wohlgefällig anmerkte, war der junge „Krishna on the Beach" kein typischer Teenager, der solch weltlicher Lektionen bedurfte. Nach Überprüfung seiner Aura befand Leadbeater, Krishnamurti sei in der Tat eine hochentwickelte Seele, offenkundig völlig frei von

Selbstsucht und Ego. Kurze Zeit später wurde Krishnamurti von Leadbeater zum gegenwärtigen „Fahrzeug" Lord Maitreyas [= wiedergekehrter Buddha] ausgerufen und innerhalb des theosophischen Bezugsrahmens entsprechend unterwiesen. Zuvor war schon ein amerikanischer Knabe von Leadbeater in diese Position gehievt worden, offenbar aber hatte er diesbezüglich seine Meinung geändert. Später schlug er noch einen weiteren ostindischen Knaben für den Titel des Weltenlehrers vor. Dieser Junge, Rajagopal, managte letztlich als Erwachsener Krishnamurtis finanzielle Angelegenheiten, während seine Frau, wie wir sehen werden, Jiddus sonstige Angelegenheiten regelte. Krishnamurti und Rajagopal *fanden Leadbeaters Launenhaftigkeit zweifellos sehr irritierend. In einem Moment wurden sie verehrt, verwöhnt, zum Idol erhoben, und im nächsten streng zurechtgewiesen wegen Verstoßes gegen irgendein ungeschriebenes esoterisches Gesetz, das sie nicht verstanden* (Vernon, 2001).

Quer durch dieses Buch werden wir zahlreichen Beispielen begegnen, in denen Schüler von ihren Lehrern und Guru-Figuren in vergleichbare Situationen gebracht werden. In derlei psychologischen Zwängen sind Personen, für die es lebenswichtig ist, die Anerkennung ihres „Herrn" zu erringen, nicht in der Lage zu erkennen, wie genau diese zu erhalten ist – mit oftmals tragischem Ausgang. In der Tat gibt es zwei mögliche Extremreaktionen auf den steten Wechsel von Belohnung und Bestrafung, bei dem man die Bedingungen nicht kennt, unter denen das eine beziehungsweise das andere zu erwarten ist. Man kann entweder alle Reaktionen fahren lassen und in der „wahllosen Bewusstheit" des Augenblicks leben; oder, was öfter vorkommt, die Unmöglichkeit des „richtig Vermutens" sich auswachsen lassen zu neurotischer Störung, Gewalt oder extremer Depression. Tatsächlich wurden einschlägige Experimente von Pawlow-Schülern durchgeführt (Winn, 2000), bei denen Hunde über Belohnung und Bestrafung zunächst darauf trainiert wurden, zwischen Kreisen und Ellipsen zu unterscheiden. Anschließend wurden die Kreise ovaler gemacht und die Ellipsen runder, bis die Versuchtstiere sie nicht mehr unterscheiden konnten. Die Hunde waren insofern nicht mehr in der Lage, den „korrekten Response" zu geben, um die damit verbundene Belohnung zu erhalten, vielmehr wurden sie willkürlich belohnt oder bestraft. Das Ergebnis war, dass ursprünglich fröhliche und begeisterungsfähige Hunde aggressiv wurden und die Versuchsleiter bissen. Andere Tiere, zunächst ausgeglichen und unbekümmert, wurden lethargisch und nahmen an nichts mehr Anteil. Krishnamurtis eigene Erziehung jedenfalls – selbst vor seiner Entdeckung durch Leadbeater, sprich: während seiner Zeit in Indiens öffentlichem Schulsystem – war eine traumatische Erfahrung: *Nie einer derjenigen, die sich bei ihren Lehrern beliebt machten, wurde Krishnamurti brutal für seine Unzulänglichkeit bestraft und als Schwachkopf gebrandmarkt* (Vernon, 2001). *Er wurde fast jeden Tag mit dem Rohrstock geschlagen, weil er seine Lektionen nicht lernen konnte. Die Hälfte seiner Schulzeit verbrachte er in Tränen auf dem Schulhof* (Lutyens, 1975). Nicht sehr überraschend zeigte Krishnamurti in späteren Lebensjahren wenig Hochachtung für akademische Leistungen: *David Bohm, Physiker von Nobelpreis-Kaliber, sprach von der Demütigung, die er durch Krishnamurti erfuhr, der in seiner Anwesenheit schneidende Witze über „Professoren" machte und die Bedeutung der Arbeit Bohms nicht anerkannte... Er litt sehr unter Krishnamurtis mangelndem Respekt ihm gegenüber, der zeitweise mehr als augenfällig war* (Peat, 1997).

Krishnamurtis seinerzeitiges Erscheinen auf Erden gab den Theosophen Hoffnung für die „Errettung der Menschheit". Nachdem er jahrelang für seine Rolle als Weltenlehrer aufgebaut worden war, wurde das Vertrauen Krishnamurtis in den Schutz der theosophischen Meister und in Leadbeaters richtliniengebende Visionen durch den unerwarteten Tod seines jüngeren Bruders im Jahre 1925 schlagartig zunichte gemacht. Bei seinen eigenen vermeintlichen Begegnungen mit den Meistern auf astraler Ebene hatten ihm diese versichert, sein Bruder werde die Krankheit, an der er litt, überstehen. In der Folge sah Krishnamurti diese Visionen, einschließlich seiner eigenen, als schlichte Konstrukte persönlicher Wunscherfüllung, die okkulte Hierarchie der Meister erachtete er hinfort als irrelevant. Es bedeutete dies jedoch keinerlei Abkehr von Mystizismus im Allgemeinen: *Im Herbst 1926, in der Folge eines angeblichen Kundalini-Erwachens, das 1922 begonnen hatte, verkündete er, dass eine Metamorphose stattgefunden habe. (Kundalini ist eine subtile Energie, die am unteren Ende der Wirbelsäule ansässig sein soll. Sobald sie „erweckt" und die Wirbelsäule hinauf ins Gehirn geleitet werde, rufe sie ekstatische spirituelle Realisierung hervor.) Seine vorherige Persönlichkeit sei abgestreift worden, er befinde sich in einem Zustand ständiger und unumkehrbarer Einheit mit Gott* (Vernon, 2001). Oder wie Krishnamurti selbst es in der offenen Proklamation seines Status als Weltenlehrer formulierte: *Ich wurde eins mit dem Geliebten. Ich wurde vereinfacht. Ich wurde verklärt durch Ihn* (1969). *Krishnamurti bestand darauf, sein Bewusstsein sei verschmolzen mit dem Geliebten, womit er das Insgesamt der Schöpfung meinte* (Sloss, 2000).

In der Überlegung, dass Organisationen notwendigerweise die Wahrheit bestimmen und einschränken, löste der 34-jährige Krishnamurti im August 1929 den als *Order of the Star* bezeichneten Zweig der Theosophischen Gesellschaft, dem er seit 1911 vorgestanden war, auf. Selbst an diesem Punkt war es jedoch mehr die Organisation und ihre Philosophie der „Aufgestiegenen Meister", die er zurückwies, als seine eigene Rolle als Weltenlehrer oder Messias. Krishnamurti selbst erklärte nach der Auflösung: *Wenn es für die Menschheit notwendig wird, eine neue Form alter Weisheit zu erhalten, wird jemand, dessen Aufgabe es ist, die Wahr-*

heiten zu wiederholen, inkarnieren (in Michel, 1992). Oder, wie Vernon bestätigte: *Krishnamurti ging nie so weit, zu bestreiten, er sei der Weltenlehrer, vielmehr dass es keinen Unterschied mache, wer oder was er sei* (2001).

Im Jahre 1932 begannen Krishnamurti und Rajagopals Ehefrau Rosalind eine Affäre, die sich über mehr als fünfundzwanzig Jahre hinzog. Rosalind wurde mehrfach schwanger, erlitt aber Fehlgeburten und hatte zumindest zwei heimliche bzw. illegale Schwangerschaftsabbrüche. Das höchst Sonderbare dieser Beziehung wird nicht geschmälert durch Jiddus frühere Wertschätzung für die Frau: Sowohl er als auch sein Bruder waren überzeugt, dass Rosalind die Reinkarnation ihrer längst verloren geglaubten Mutter sei, ungeachtet des Umstandes, dass diese erst zwei Jahre nach Rosalinds Geburt gestorben war (Sloss, 2000). In den späten 1930ern zog Krishnamurti sich ins kalifornische Ojai zurück, wo er eine enge Freundschaft mit Aldous Huxley[12] aufbaute. Sein herzliches Verhältnis zu Huxley hielt ihn indes nicht davon ab, hinter dessen Rücken in beleidigender Form über ihn herzuziehen: er habe einen Verstand „wie ein Mülleimer“ (Sloss, 2000). Huxley hingegen schrieb, nachdem er 1961 einen Vortrag Krishnamurtis in der Schweiz gehört hatte: „Es war, wie einer Lehrrede des Buddha beizuwohnen“ (in Peat, 1997). Als Huxleys Haus und Bibliothek einem Feuer zum Opfer gefallen waren, war Krishnamurtis Buch *Commentaries on Living* das erste, das ersetzt wurde. „Mülleimer“, in der Tat. Da Krishnamurti in der Nähe von Los Angeles wohnte, stattete er dem Komponisten Igor Stravinsky, dem Schriftsteller Thomas Mann oder dem Philosophen und Mathematiker

12 Der britische Schriftsteller Aldous L. Huxley (1894-1963) wurde vor allem über seinen 1932 erschienenen Roman *Brave New World* (deutsch: *Schöne neue Welt*) bekannt, in dem er eine utopische Gesellschaft beschreibt, in der über Manipulation von Föten und Indoktrinierung von Kleinkindern entweder Führungs- oder Arbeitsmenschen herangezüchtet werden.

Bertrand Russell, Besuche ab; die Leinwandlegenden Greta Garbo und Charlie Chaplin traf er zum Picknick.

Die fortdauernde Affäre mit Rosalind stand, wenig überraschend, nicht eben in Einklang mit den Lehren des Quasi-Messias: *Krishnamurti hatte jungen Menschen des öfteren erzählt, zölibatäres Leben sei von maßgebender Bedeutung, und darauf hingewiesen, dass es der Erzeugung großer Energie und Intensität diene, die zu psychologischer Transformation führen könne. Krishnamurti scheint diese Angelegenheit auch mit David Bohm erörtert zu haben: der Physiker glaubte insofern, der indische Lehrmeister führe ein zölibatäres Leben* (Peat, 1997). Bohm traf Krishnamurti erstmalig im Jahre 1961 und wurde schnell dessen berühmtester Anhänger (bis zu ihrer Distanzierung voneinander im Jahre 1984). Er war Co-Autor mehrerer Bücher mit Dialogen, die er mit Jiddu zu spirituellen Fragen geführt hatte. Darüber hinaus saß er als Treuhänder im Vorstand einer von Krishnamurti gegründeten Schule in England und wurde von vielen als möglicher „Nachfolger“ des Krinsh gesehen. Folgerichtig hören sich Bohms Erklärungen, Krishnamurtis Verhältnis zu Rosalind sei schon deshalb „nicht unehrlich oder heuchlerisch“ gewesen, weil er nicht durchgängig die Vorteile des Zölibats gegenüber der Ehe gepredigt habe, reichlich hohl an. Ganz im Gegenteil: Wenn man Peats Bericht glaubt, dass Krishnamurti „mit Bohm über die Wichtigkeit des Zölibats gesprochen hat“, dann *gab* es einen absoluten Widerspruch zwischen seinen Lehren und seinem Leben. Dies gilt auch dann, wenn das über ein Vierteljahrhundert sich hinziehende und aus welchem Grunde auch immer verheimlichte Verhältnis mit Rosalind zu dem Zeitpunkt, als Krishnamurti und Bohm einander begegneten, bereits beendet war. Angesichts dessen ist das einzig mögliche Urteil über Krishnamurtis Verhalten das offensichtlicher Heuchelei.

Bedenkt man Krishnamurtis eigene negative Schulerfahrungen, kommt es nicht sehr überraschend, dass er die gleichen negativen Abläufe bei seinen Schülern fortsetzte, unter dem Vorwand, absichtlich Krisensituationen hervorzurufen, um Wandel und Wachstum in ihnen zu bewirken: *Die Gopis (junge Schülerinnen Krishnamurtis aus frühen Tagen, benannt nach der Gefolgschaft Krishnas in der Bhagavad Gita* [= Lehrgedicht des Hinduismus]) *baten um private Unterredungen mit ihm, bei denen er gnadenlos ihre Abwehr durchbrach und ihre Schwächen bloßlegte, was ausnahmslos dazu führte, dass die Mädchen sich die Augen ausweinten, aber das Gefühl hatten, das müsse zu ihrem Besten so sein* (Vernon, 2001). Noch Jahre später bediente Krishnamurti sich derselben „bewusst grausamen Methoden", andere zu „erwecken", als er etwa *Bohm in einer Weise angriff, die andere später als „brutal" beschrieben* (Peat, 1997).

Wie wir sehen werden, ist das ein allgemeines Problem auf den spirituellen Pfaden dieser Welt: Schüler, die die harsche Disziplin ihrer Guru-Figuren erduldet haben, maßen sich nun die Lizenz an, andere auf dieselbe miese Art zu behandeln, wie sie selbst behandelt worden waren. Die Rechtfertigung ist natürlich immer die, dass derart schlechte Behandlung dem „spirituellen Gewinn" der jeweils anderen dient, selbst da, wo diese Behauptung unmöglich wahr sein kann. *Wie Rajagopal sich erinnert, kam es immer wieder zu Streit zwischen ihm und Krishnamurti. Dessen ständiges Lügengebaren wie auch der Umstand, dass er immer wieder Vereinbarungen hinter dem Rücken anderer traf oder gegebene Versprechen und Zusagen nicht einhielt, wurden letztlich so massiv, dass Rajagopal ihn daraufhin ansprach. Krishnamurti, der nur ein sehr geringes Maß an Kritik vertragen konnte, reagierte handgreiflich. Es war dies nicht das einzige Mal, dass das passierte, aber es war das erste Mal* (Sloss, 2000). *Krishnamurti mangelte es an einfacher menschlicher Einfühlsamkeit und Herzenswärme, er war unduldsam, gar verächtlich denen gegenüber, die nicht auf seine Bewusst-*

seinsebene emporsteigen konnten (Vernon, 2001). Geboren mit einem Herz zwei Nummern zu klein. Zumindest eine der frühen Gopis durchschaute die plumpen Versuche Krishnamurtis, in spiritueller Unterweisung seine Kaltherzigkeit als besondere Güte auszugeben: *Diese angeblich privilegierten und gewinnbringenden Sitzungen bestanden darin, dass Krishnamurti immer wieder auf altbekannte Fehler hinwies, auf allem Nachteiligen herumhackte und damit jedes Selbstvertrauen untergrub* (Lutyens, 1972).

Weder Rajagopal noch Rosalind waren jemals Anhänger Krishnamurtis. Anders als David Bohm, dessen persönliche Reaktion auf Krishnamurtis unerbetene harsche Zurechtweisung in aller Öffentlichkeit – im Kontext eines vermeintlichen Dialogs und nicht im Rahmen eines Guru-Schüler-Verhältnisses, das Krishnamurti selbst ja ausdrücklich zurückwies – mehr als tragisch war: *Der Physiker war verzweifelt. Außerstande zu schlafen, von quälenden Gedanken verfolgt, rannte er im Zimmer auf und ab, bis hin zu einem Punkt, an dem er erwog, sich das Leben zu nehmen. Zeitweilig glaubte er, er könne das Feuerwerk der Neurotransmitter in seinem Gehirn spüren... Seine Verzweiflung erreichte einen Punkt, an dem er auf Antidepressiva gesetzt wurde... Einmal schrieb er, er denke, die Schmerzen in seiner Brust seien bedingt durch die schlechte Behandlung, die er durch Krishnamurti erfuhr. „Dieses Problem mit K. erdrückt mich, in wörtlichem Sinne“* (Peat, 1997).

Krishnamurti fuhr bis zu seinem Tod im Jahr 1986 fort, Vorträge zu halten und Unterweisungen zu geben. Schrittweise wandelte er seine Art des Lehrens von der eines Retters, der kosmische Wahrheiten verkündet, zu der eines persönlichen Ratgebers um, wobei der inhaltliche Brennpunkt seiner Vorträge auf der Aufspaltung des Bewusstseins in Subjekt und Objekt lag: *Wenn der Mensch sich der Bewegung des eigenen*

Bewusstseins bewusst wird, wird er die Trennung zwischen Denker und Gedachtem sehen, zwischen Beobachter und Beobachtetem, Wahrnehmendem und Wahrgenommenem. Er wird entdecken, dass diese Trennung eine Illusion ist. Nur dann gibt es reine Beobachtung, Einsicht, die ohne jeden Schatten aus der Vergangenheit ist. Diese zeitlose Einsicht bringt einen tiefen, radikalen Wandel des Geistes hervor (Krishnamurti, in Lutyens, 1983). Durch ebendiese persönliche Realisierung, so die (gänzlich unhaltbare) Behauptung Krishnamurtis, sei er völlig unkonditioniert von seiner Erziehung und habe (praktischerweise) das meiste aus seiner Vergangenheit „vergessen". Nichtsdestotrotz weist seine Lehre große Gemeinsamkeiten auf mit den Lehren des Buddha und der Upanishaden [= hinduistisch-philosophische Schriftensammlung]. Nicht zufällig war Krishnamurti während seiner frühen Jahre in Adhyar in eben diesen beiden philosophischen Disziplinen intensiv geschult worden (Sloss, 2000).

In Übereinstimmung mit seinen eher lachhaften Ideen zur Natur von Geist und Erkenntnis gab Krishnamurti keinerlei Unterweisung zu Struktur oder Inhalt von Meditation. Stattdessen lehrte und praktizierte er meditatives Üben als „Bewegung ohne jeden Anlass, ohne Worte und Gedankenaktivität." *Mantren zu wiederholen oder Gurus nachzufolgen sei, wie er sagte, eine besonders törichte Art der Zeitverschwendung* (Peat, 1997). Und an anderer Stelle: „Seid unabhängig, meditiert auf meine Weise! Seid frei ohne Gurus! Seid frei ohne Mantras! Seid frei ohne Glaubensätze, Absichten oder Lehrmeinungen!" Krishnamurti selbst hingegen war ein Guru in allem außer in der Bezeichnung. Die autoritären Verlautbarungen, die Unduldsamkeit gegen Widerspruch, die Großmannssucht könnten auch von jedem anderen der „Erleuchteten" stammen, mit denen wir bald mehr als vertraut sein werden. Wenngleich Krishnamurti „allergisch" war gegen jede Guru-Schüler-Beziehung, so gilt doch: „Wenn einer aussieht wie ein Guru, spricht wie ein Guru und handelt wie ein Guru ..."

Nach so vielen Jahren umgeben von einem inneren Zirkel und wie ein Monarch umhegt von Höflingen, die ihn verehrten und glaubten, er könne nichts Falsches tun, war er nicht mehr an Widerspruch gewöhnt (Vernon, 2001). *Auch wenn er auf der grundlegenden Bedeutung individueller Erkenntnis bestand, zeigen die Transkripte seiner Gespräche mit Schülern seiner Internate einen Mann, der seine Gesprächspartner gnadenlos in die Übernahme seiner Sichtweisen hineinmobbte* (Washington, 1995). *Krishnamurti isolierte sich von Kritik und Feedback, wie jeder, den er kritisierte, das ihm gegenüber tat, so Joel Kramer (Co-Autor von „The Guru Papers"* [= Masken der Macht])*; und er musste zu allem und jedem das letzte Wort haben* (Horgan, 1999). Selbst auf seinem Sterbebett, dahinsiechend an Bauchspeicheldrüsenkrebs, verkündete er mit Nachdruck, dass „solange er lebe, er immer noch der 'Weltenlehrer' sei" (Vernon, 2001). (Die letale Krankheit war aufgetreten trotz seines behaupteten Heilvermögens als Handaufleger.)

Tatsächlich war der Krinsh so fasziniert von seiner Position als Weltenlehrer, dass er zehn Tage vor seinem Ableben das folgende Statement auf Tonband sprach: *Ich glaube nicht, dass die Menschen wirklich realisieren, welch ungeheuere Energie und Intelligenz durch diesen Körper gingen... Für viele hundert Jahre wird man keinen anderen Körper finden wie diesen, oder erleben, dass jene höchste Intelligenz in einem Körper wirkt. Ihr werdet es nicht noch einmal erleben* (in Lutyens, 1988). *Angeblich hielt er sich für bedeutsamer als Buddha oder Christus* (in Sloss, 2000).

Selbstredend und naiverweise wird Krishnamurtis Auflösung des „Order of the Star" vielfach als Hinweis auf seine tiefgründende Bescheidenheit gewertet. Wie wir implizit bei jedem der folgenden „Weisen" sehen werden, liegt es allerdings nur in der umfangreichen Bearbeitung und selektiven Präsentation von Rede und Tun der „Erleuchteten", dass sie anfangen, so bescheiden und heilig auszusehen. Was Krishnamurtis eigenes Erbe angehen mag, so hat er jenseits seiner ebenso umfänglichen wie öde aufgeschriebenen oder auf Tonband aufgezeichneten Unterweisungen die Frage im Wesentlichen selbst beantwortet: *Kurz vor seinem Tod hatte der indische Lehrer erklärt, dass niemand seine Lehren je wirklich verstanden habe; niemand außer ihm selbst habe Transformation erfahren* (Peat, 1997). Auch das ist ein wiederkehrendes Problem mit den „großen Guru-Figuren" dieser Welt, dass sie trotz ihrer kunstfertigen Unterweisungen gewöhnlich darin versagen, auch nur einen Schüler hervorzubringen, der so „groß" wäre wie sie selbst. Jeder geringere Nicht-Weltenlehrer, der offen zugäbe, dass *nicht ein einziger* seiner Schüler je „seine Lehren wirklich verstanden" habe, würde insofern begonnen haben, seine eigenen Fähigkeiten zu hinterfragen. *Dieser* Weltenlehrer aber war offenbar nicht in der Lage, derlei Notwendigkeit einer Selbstbewertung zu erkennen.

Krishnamurti zeigte eine lebenslange Neigung zu teuerer, maßgeschneiderter Kleidung. Man kann darüber hinaus in seiner Psychologie klare Spuren des indischen Kastensystems erkennen, in dem er aufgewachsen war (Vernon, 2001). So bestand er etwa darauf, dass von anderen gelesene Bücher abgewischt würden, bevor er sie läse. Mit Blick auf seinen Tod hinterließ er Anweisungen, dass der Krematoriumsofen sorgfältig zu reinigen sei, bevor er darin verbrannt werde. Offenkundig sollte damit sichergestellt werden, dass sich nicht die „unreine" Asche von jemand anderem mit seinen heiligen Brahmanenkastenüberresten vermischen würde. Sollten wir nicht alle so „unkonditioniert" sein durch unsere „vergessene" Vergangenheit?

Eines Tages wird die Geschichte alles enthüllen; aber die Spaltung in Krishnamurti selbst wird immer einen Schatten werfen auf alles, was er gesagt oder geschrieben hat. Das erste, was die Leserschaft immer sagen wird, ist: „Wenn nicht mal er es leben kann, wer denn dann?" (in Sloss, 2000).

VI. Sex und Gewalt

Zen-Buddhismus

Zen-Buddhismus wurde im Westen weithin bekannt durch Autoren wie Allan Watts und Daisetz Teitaro Suzuki, vor allem aber durch Philip Kapleaus *The Three Pilars of Zen* [*Die drei Säulen des Zen*, orig. 1965] und Eugen Herrigels *Zen in the Art of Archery* [*Zen in der Kunst des Bogenschießens*, orig. 1948]. Als Hilfsmittel auf dem Wege zur Erleuchtung nutzt der Zen-Buddhismus vornehmlich die Zazen-Meditation [= Sitzen und Zählen bzw. Beobachten der eigenen Atemzüge] sowie Koans [= paradoxe Sentenzen oder Geschichten wie etwa die Frage: „Welcher Ton entsteht aus nur einer klatschenden Hand?"].[13] Die Rinzai-Sekte des Zen-Buddhismus bedient sich besonderer Handlungsweisen des Meisters, die darauf ausgelegt sind, den Schüler aus seinem normalen Bewusstseins in einen Erleuchtungszustand „hineinzuschocken" beziehungsweise Hilfestellung zu geben für den „Ego-Tod" des Schülers; zu beiden Zwecken werden mithin Schlagstöcke eingesetzt. *Zen-Lehrer haben eine exzellente Methode mit Schülern umzugehen, die beginnen, sich mit Buddha oder Gott zu vergleichen: „Sie nehmen einen Stock*

13 Das von Zen-Meister Hakuin Ekaku (1686-1769) formulierte Koan lautet vollständig: „Wenn man zwei Hände zusammenklatscht, entsteht ein Ton; welcher Ton entsteht aus nur einer Hand?"

und prügeln ihnen die Scheiße aus dem Leib.[14] *Und nach fünf oder zehn Jahren solcher Behandlung kommt man schließlich über sich hinweg"* (Horgan, 2003a).

Diese Beschreibung ist gleichwohl nichts als eine grotesk romantisierende Lesart der körperlichen Misshandlung, die im Namen der Spiritualität ausgeübt wird. Tatsächlich zeigt derartiges „Die-Scheiße-aus-jemandem-herausprügeln" nur die Reizbarkeit und den Hang zur Gewalt bei jenen Individuen, die von ihren Anhängern naiverweise als „spirituell erleuchtet" angesehen werden. *Richard Rumbold, ein britischer Zen-Begeisterter, der etwa fünf Monate im Shokokuji-Kloster in Kyoto verbrachte, beschreibt einige der barbarischen Züchtigungsmaßnahmen, wie sie vom leitenden Mönch und seinen Assistenten zur Ahndung von Disziplinverstößen durchgeführt wurden* (Koestler, 1960). Solch brutale Disziplinierung konnte auch leicht außer Kontrolle geraten, wie eine wahre Geschichte berichtet: *In Tokyo gibt es ebenfalls eine Vielzahl von Klöstern. In einem davon gab es einen sehr selbstgefälligen Zen-Mönch. Er weigerte sich, auf irgendetwas zu hören, was der Meister ihm zu sagen versuchte. Eines morgens schlug dieser ihn mit einem Stock so heftig, dass er nicht mehr aufstand. Er konnte nicht, weil er tot war... Der leitende Mönch zeigte den Vorfall bei der Polizei an, doch der Meister wurde nie zur Rechenschaft gezogen* (van de Wetering, 1999). Ein ähnlicher Fall: Während einer buddhistischen Bußzeremonie *nickten zwei junge Mönche ein. Nach der Zeremonie folgte Meister Dokujiki den beiden zum Sodo, der Mönchshalle. Außer sich vor Wut packte er den Kyosaku (Schlagstock) und rannte den jungen Mönchen hinterher... Er schlug immer wieder auf die beiden in panische Angst versetzten Jungen ein... Da Dokujiki in einer Autoritätsposition war, sprach niemand ein Wort zu ihm über seine Verfehlungen...* (Chadwick, 1994).

---

14 Original: „they take a stick and beat the crap out of you" (crap = amerik.: vulgärer Begriff für Fäkalien).

Der Zen-Priester und Gelehrte Daisetz Teitaro Suzuki (1870-1966) wäre von solchem Verhalten der Gewalt gewiss nicht überrascht gewesen, auch steht es nicht in Widerspruch zur allgemeinen Einstellung „erleuchteter" Zen-Meister: *In seiner oftmals abgebildeten sanftmütigen und weisen Erscheinung späterer Jahre wird Suzuki von vielen im Westen als wahrer Vertreter des Zen verehrt. Gleichwohl schrieb er, dass „Religion in erster Linie danach trachten solle, die Existenz des Staates zu bewahren", gefolgt von der Behauptung, die Chinesen seien „zuchtlose Ungläubige", die Japan „im Namen der Religion" abstrafen müsse* (Victoria, 1997). Wie Suzukis eigener „voll erleuchteter" Meister, Shaku Soen (der 1893 am „Weltparlament der Religionen" in Chicago teilgenommen hatte), es formulierte: *Als Methode, Harmonie in unvereinbare Dinge zu bringen, ist Töten und Kriegführen erforderlich* (in Victoria, 1997). Der Rinzai-Zen-Meister Nantembo (1839-1925)[15] hätte diesen Auffassungen sicher zugestimmt: *Es gibt keine höherwertige Bodhisattva-Praxis* [= Praxis zur Erlangung der Buddhaschaft] *als das von Mitgefühl getragene Wegnehmen von Leben* (in Victoria, 2003).

Bis 2001 gab es keinerlei Eingeständnis oder gar eine Entschuldigung seitens einer der Unterabteilungen des Rinzai-Zen oder sonstiger Zen-Schulen für die enthusiastische Unterstützung des japanischen Militarismus während des Zweiten Weltkrieges oder an anderer Stelle, in der Militarismus mit der „Lehre des Buddha" gleichgesetzt worden war (Victoria, 2003).

---

15 Rinzai ist eine der beiden bedeutenderen Lehrtraditionen des Zen (die andere ist Soto).

Shunryu Suzuki (1905-1971) begründete im Jahre 1966 das erste Zen-Kloster außerhalb Asiens: in Tassajara Hot Springs, drei Autostunden südöstlich von San Francisco. Die Liste an Besuchern und Fördermitgliedern Suzukis und seines *San Francisco Zen Center* (SFZC) liest sich erwartungsgemäß wie ein Who's Who der „spirituellen" Szene der USA der damaligen Zeit: Schriftsteller Alan Watts, Beat-Poet Allen Ginsberg, Pulitzer-Preisträger Gary Snyder; dazu der Harvard-Gelehrte Robert Thurman, der als erster Amerikaner – und das vom Dalai Lama höchstpersönlich – als tibetisch-buddhistischer Mönch ordiniert worden war; auch Joan Baez, Mick Jagger, der Anthropologe Gregory Bateson, der frühere Gouverneur Kaliforniens und US-Präsidentschaftskandidat Jerry Brown und viele andere.

Vor seinem Tod im Jahre 1971 benannte Suzuki-Roshi[16] Richard Baker als seinen alleinigen „Erben des Dharma" [= Lehre Buddhas] in den USA bzw. als Empfänger der vom Lehrmeister auf den Schüler getätigten buddhistischen „Übertragung". (Baker seinerseits hatte im Jahre 1966 den ersten größeren LSD-Kongress in den USA organisiert.) *„Was bedeutet Übertragung", wurde Suzuki in diesem Zusammenhang gefragt. „Bedeutet es, dass Richard Baker vollkommen erleuchtet ist und dass sein Geist der des Buddha ist? Ist sein Verständnis der Lehre allumfassend?" – „Oh, nein nein nein", antwortete Suzuki. „Gib' der Sache nicht zuviel Gewicht. Es bedeutet, dass er ein gutes Verständnis hat, ein gutes Verständnis und eine allumfassende Einsatzbereitschaft." In früheren Belehrungen hatte Suzuki gesagt: „Übertragung ist nichts besonderes ... genaugenommen gibt es gar nichts zu übertragen"* (Chadwick, 1999).

Baker selbst allerdings bekundete hinsichtlich der Bedeutung seines spirituellen Erbes eine für ihn sehr viel schmeichelhaftere Auffassung: *Übertragung geschieht außerhalb*

16 Roshi (jap. = alter Lehrer) ist eine respektvolle Anrede für besonders verdiente Zen-Meister.

der Begrenzungen von Identität und Ego. Der Umstand, dass ein anerkannter Meister einen als Zen-Meister anerkennt, bedeutet, dass man nicht länger ein Buddhist ist; was man tut ist Buddhismus" (Downing, 2001).

Und was genau ist dann „Buddhismus"? *Als Abt des San Francisco Zen Centers legte Baker einen Lebensstil an den Tag – finanziert aus seinem Budget als Abt ebenso wie aus der Nutzung von Immobilien und Geldern der Zen-Gemeinde –, der, wie er es selbst einschätzte, dem eines Privatmannes mit einem Jahreseinkommen von annähernd einer halben Million Dollars* [in den 1970ern (!)] *entsprach* (Tworkov, 1994). *„Was Baker ausstrahlte", so ein ranghoher Mönch, „waren Machtgehabe, Arroganz und eine Allüre von 'Ich hab's und du hast es nicht'"* (Tworkov, 1994). *Die Probleme, die sich im Laufe des Jahres 1983 im San Francisco Zen Center zuspitzten, drehten sich sowohl um eine Reihe von Sexaffären zwischen dem Meister und diversen Schülerinnen, als auch um komplexe Verhaltensmuster psychischen wie auch finanziellen Missbrauchs von Autorität und „Charisma"* (Anthony et al., 1987). Genauer gesagt war der in Harvard ausgebildete und verheiratete Baker *zum Rücktritt gezwungen worden, nachdem seine Affäre mit einer verheirateten Schülerin bekannt geworden war* (Schwartz, 1996). Der verzweifelte Ehemann der zur Rede stehenden Frau – von der Baker Berichten zufolge behauptete, sie habe *ihn* zur Untreue verleitet – war ein Schriftsteller, der innerhalb der Zen-Gemeinde als Bakers bester Freund gegolten hatte und auch von diesem selbst als solcher bezeichnet worden war (Tworkov, 1994). Wenigstens zwei weitere Frauen wurden von Baker nach dem Ende seines sexuellen Verhältnisses mit ihnen auf gnadenlose Art und Weise als „psychisch instabil" diskreditiert (Downing, 2001). *Hochrangige Mönche bezeugten auf öffentlichen meetings den physischen und psychischen Missbrauch, dessen Baker sich schuldig gemacht hatte. Bakers enger Freund und Berater Michael Murphy* *vom Esalen-Institute*[17] *sagte, es sei „die gesamte Alternativbewegung schwer beschädigt worden durch das, was im Zen Center vorgefallen war* (Downing, 2001). *Gleichwohl besteht Baker, dem Vernehmen nach bis zum heutigen Tag, darauf, der einzige Skandal, den es im Zen Center von San Francisco gegeben habe, sei der gewesen, wie man ihn behandelt habe* (in Tworkov, 1994).

Dieser Mangel an Verständnis dafür, was das buddhistische Gebot bedeutet, „anderen keinen Schaden zuzufügen", wie er seitens dreister Figuren zu beobachten ist, die sich auf Erleuchtung, umfassende Übertragung und grandiose Bodhisattva-Gelübde berufen, ist etwas, das uns bedauerlicherweise quer durch die folgenden Kapitel begegnen wird. Schlimmer noch, man sieht regelmäßig, wie Menschen, deren Leben durch irgendwelche Gurus zerstört wurde und die nun all ihre Mut zusammengenommen haben, darüber zu sprechen, als „verrückt" abgetan und diffamiert werden; in einer Weise, die sich in nichts unterscheidet von der Art, wie Opfer von Inzest oder Vergewaltigung im nicht-religiösen Kontext behandelt werden, sollten sie es wagen, an die Öffentlichkeit zu treten.

Bakers eigener Wiederaufschwung nach der selbstverschuldeten „Apokalypse" von 1983 wurde begleitet von einem Schreiben des vietnamesischen Buddhisten und Kandidaten für den Friedensnobelpreis Thich Nath Hanh, der sich für die Ernsthaftigkeit der Abbitte verbürgte, die Baker der Zen-Gemeinde gegenüber leistete; desgleichen von einem Angebot des Dalai Lama, Zuflucht bei ihm in Nordindien zu suchen.[18]

Wie man wohl mit all dem Unmut über das Verhalten Bakers im „traditionellen" Fernen Osten umgegangen wäre?

---

17 Der Psychologe Michael Murphy ist Mitbegründer des weltberühmten humanistisch-psychologischen Therapiezentrums Esalen in Big Sur südlich von San Francisco.

18 Gemeint war der Sitz der sogenannten „Exilregierung" des Dalai Lama im nordindischen Dharamsala.

Die Behandlung des einzelnen Schülers unterstand dem Gutdünken des Lehrers, der das traditionelle Rollenvorbild abgab. Was auch geschah, es konnte immer als Lektion bezeichnet werden (Downing, 2001). *Nach dem „Schlagwetter" von 1983* [= in der Zen-Gemeinde von San Francisco] *kamen Leute aus Japan und versuchten uns zu sagen: wenn wir unzufrieden seien mit einem Lehrer, hätten wir wegzugehen, der Lehrer aber habe in jedem Falle zu bleiben* (Yvonne Rand, in Downing, 2001).[19]

19 Richard Baker ist nach wie vor als Zen-Lehrer zugange: Er ist Abt des *Crestone Mountain Zen Center* in Colorado (USA) wie auch des *Buddhistischen Studienzentrums Johanneshof* im schwäbischen Herrischried.

VII. Sex, Bliss & Rock'n'Roll[20]

Swami Satchidananda

Im Jahre 1979 begründete Swami Satchidananda den *Yogaville Ashram* in Buckingham County im US-Bundesstaat Virginia und in der Folge als dessen Dependancen die sogenannten *Integral Yoga Institutes* in New York, San Francisco und andernorts.

1914 in Südindien zur Welt gekommen heiratete er früh, ließ aber nach dem Tod seiner Frau seine Kinder im Stich und begab sich, achtundzwanzigjährig, auf eine spirituelle Vollzeitsuche. 1949 wurde er von seinem spirituellen Meister, dem angesehenen Swami Sivananda, den er nach einer Suche quer durch die Berge und Wälder Indiens in Rishikesh [= „Heilige" Stadt am Oberlauf des Ganges] gefunden hatte, ordiniert. Sein Ordensname Satchidananda bedeutet „Existenz-Wissen-Glückseligkeit".

Im Jahre 1966 kam er auf Einladung des Psychedelic-Künstlers Peter Max nach New York. Bald machte das Gerücht die Runde, er habe die Nierenerkrankung eines Schülers mit Hilfe eines Glases geweihten Wasser kuriert. 1969 sprach er in Woodstock, wo er via Helikopter eingeflogen wurde, um das historische Musikfestival zu segnen: *Ich bin sehr glücklich zu sehen, dass wir alle versammelt sind, um*

20 bliss = amerik.: Glückseligkeit

etwas von uns hören zu lassen, um Frieden und Freude zu finden durch himmlische Musik. Ich fühle mich geehrt, die Gelegenheit erhalten zu haben, dieses große, große Festival zu eröffnen (in Wiener, 1972).

Schon vor Woodstock hatte Satchidananda in der ausverkauften Carnegie Hall in New York gesprochen, er galt als „Spitzenkraft" auf dem spirituellen Marktplatz. Zu Beginn der 1970er studierten ein paar tausend Integral-Yoga-Anhänger in fünfzehn US-Zentren die Lehren Satchidanandas, Ende der 70er ging die Zahl seiner Verehrer in die hunderttausende. Zu ihnen gehörten der Gesundheits- und Ernährungsexperte Dr. Dean Ornish, Fotomodell Lauren Hutton, Schauspieler Jeff Goldblum und die Sängerin Carol King, die der Organisation des Yogi ein Grundstück in Connecticut für ein geplantes Weltzentrum namens „Yogaville" schenkte. Nachdem Satchidananda allerdings eine wärmere Region bevorzugte, erwarb er ein Grundstück in Virginia. Im Hauptgebäude von Yogaville, „Sivananda-House" genannt, wurde oberhalb einer großen Bühne ein eigener Thron für den Guru aufgestellt. Das Leben für die weniger wohlhabenden „Untertanen" auf dem 240 Hektar großen Gelände des „spirituellen Königreiches" war weniger feudal: *Die rituelle Verzichtserklärung der Sannyasin (Mönche) umfasste eine Gelöbnis, „mein gesamtes Leben und alles, was mir zueigen ist, Sri Gurudev (sprich: Satchidananda) zu Füßen zu legen. Es umfasst dies meinen Körper, meinen Geist, meine Gefühle, meinen Verstand und alle materiellen Güter in meinem Besitz." Die Sannyasin wurden in heruntergekommenen Wohnwagen untergebracht, die manchmal von Mäusen und Läusen befallen waren* (Katz, 1992). Inmitten der verordneten Bedürfnislosigkeit seiner Anhänger legte Satchidananda selbst sich einen Cadillac Oldtimer und einen kirschroten Rolls-Royce zu.

Zudem – und reichlich sonderbar angesichts Satchidanandas Woodstock-Hintergrund – *fertigten dutzende ehemaliger „Kinder des Rock'n'Roll" Listen anstößiger Lieder und TV-*

Shows an, die auf dem Gelände von Yogaville verboten sein sollten. Bald danach wurde verboten, dass Ashram-Kinder ab der Oberstufe der Highschool sich zu Rendezvous verabredeten. Dann wurden alle Kinder, die eine Ashram-Schule besuchten, genötigt, ein Dokument zu unterschreiben, sich weder zu Rendezvous zu verabreden, noch sexuelle Kontakte einzugehen, noch untersagte Musik zu hören oder untersagte TV-Programme anzusehen (Katz, 1992).

Satchidananda: *Einige Leute nutzen die Sprache der tantrischen Schriften zu ihrem Vorteil aus. „Ich lehre dich tantrischen Yoga", sagen sie, „komm', schlafe mit mir." Schweren Herzens sage ich Euch, dass einige der so genannten Gurus so etwas tun. Yoga-Mönche werden automatisch zölibatär, wenn sie danach dürsten, Gott den Absoluten kennenzulernen, und wenn sie das Gefühl haben, sie müssen, um dies zu erreichen, sich über den physischen Körper und die Sinne erheben* (in Mandelkorn, 1978). Das Ablegen monastischer Gelübde, im Zuge dessen der Titel „Swami" verliehen wird, umfasst traditionell das Gelübde des Zölibats. Diese Verpflichtung hielt den „Woodstock-Swami" gleichwohl nicht davon ab, ordentlich „abzurocken": *1991 erklärten zahlreiche Anhängerinnen, dass er seine Rolle als ihr spiritueller Mentor ausgenutzt hatte, sie sexuell auszubeuten. Nachdem die Anschuldigungen öffentlich geworden waren, verließen hunderte Schüler die Integral Yoga Institutes. Der Swami aber gab niemals irgendein Fehlverhalten zu. Von ehemaligen Anhängern wurde ein eigenes „Healing Through Truth Network"* [= Heilen-durch-Wahrheit-Netzwerk] *begründet, und wenigstens acht weitere Frauen traten vor und berichteten von sexuellem Missbrauch* (S. Cohen, 2002a).

Satchidananda starb im August 2002. Yogaville indes besteht immer noch.

VIII. Der sechste Beatle[21]

Maharishi Mahesh Yogi

Maharishi Mahesh Yogi (1914-2008) schloss mit Erfolg ein Physikstudium an der Universität von Allahabad ab. Kurz darauf erhielt er aus der Hand seines „Guru Dev“ [sanskr. = Ehrwürdiger Meister] Swami Brahmanand Saraswati das System der Transzendentalen Meditation (TM) übertragen. Saraswati galt als einer der vier einflussreichsten Gurus des Landes. Der Maharishi [sanskr. = Großer Weiser] praktizierte dreizehn Jahre lang Yoga unter seinem Guru Dev, bis zu dessen Tod 1953. Im Jahre 1959 reiste er nach London, um dort die Lehren von TM zu verbreiten.

Transzendentale Meditation selbst ist ein Einzelaspekt des Mantra-Yoga: Der Schüler wiederholt allmorgendlich und allabendlich für wenigstens 20 Minuten eine Abfolge von Sanskritworten. Diese Mantras werden vom jeweiligen Meister mithin auf der Grundlage des Lebensalters des Schülers ausgewählt und müssen teuer bezahlt werden. *Der Maharishi war auch schnell bei der Hand, von anderen yogischen Disziplinen abzuraten: „All diese Systeme wurden in hunderten zurückliegender Jahre fehlinterpretiert“, sagte er, „verschwendet keine Zeit damit. Es gibt auf keinem Wis-*

21 Ex-Gittarist Stewart Suttcliffe galt als der „fünfte“ Beatle.

sensgebiet Vergleichbares mit TM, weder hinsichtlich ihrer Grundlagen noch ihrer Ausübung (Ebon, 1968).

Der Maharishi hegte große Hoffnungen, nicht nur was die Verbreitung von TM anging, sondern auch was deren Auswirkungen auf die Welt insgesamt anbelangte: *In mehreren Tourneen rund um den Globus erzählte er seinen Zuhörern, die Übernahme seiner Lehren durch nur zehn Prozent der Weltbevölkerung, oder auch nur durch ein Prozent, reiche aus „die Herrschaft des Krieges für tausende von Jahren zu neutralisieren*" (Ebon, 1968). *Die TM-Bewegung lehrt, dass der erleuchtete Mensch kein kritisches Denken mehr benötige, dass er vielmehr in Einklang lebe mit dem „ungebundenen universellen Bewusstsein". Er mache keine Fehler mehr, sein Leben sei frei von Irrtum* (Patrick L. Ryan, in Langone, 1995).

Im Herbst 1967 hielt „Seine Heiligkeit" einen Vortrag in London, bei dem auch die Beatles zugegen waren. Auf Einladung des Maharishi begleiteten sie ihn, zusammen mit Mick Jagger und Marianne Faithfull, auf einer Zugfahrt nach Bangor in Nordwales. Bei der Ankunft wurden sie von hunderten kreischender Fans belagert, von denen der Maharishi voller Entzücken annahm, sie seien gekommen, um *ihn* zu sehen. *Wie Ravi Shankar vor ihm hatte auch der Maharishi keine Ahnung von der Bedeutung der Beatles, unterzog sich aber, ausgerüstet mit entsprechenden Schallplatten, einem Crashkurs ihrer Musik und reicherte hinfort seine Vorträge mit Zitaten aus ihren Liedtexten an. Obgleich die Beatles sich sehr geschmeichelt fühlten, waren sie doch nicht überzeugt von seinem Argument, sie müssten, sofern sie es ernst meinten mit Meditation, ein Zehntel ihres Einkommens auf sein Schweizer Bankkonto überweisen.* (Klein und Klein, 1979).

Mitte Februar des Jahres 1968 kamen John, Paul, George und Ringo mit ihren jeweiligen Frauen bzw. Freundinnen im Ashram [= Meditationszentrum] des Maharishi im nordindischen Rishikesh an. Sie kamen in Begleitung von Mike Love von den Beach Boys und „Mellow-Yellow“-Sänger Donovan sowie der unlängst von Sinatra abgelegten Schauspielerin Mia Farrow und deren Schwester Prudence. Wie Ringo es formulierte: *Wir vier Beatles führten ein sehr hektisches Leben. Wir hatten fast alles, was man für Geld kaufen kann, aber nach einer gewissen Zeit bedeutet einem das nichts mehr. Jetzt haben wir etwas gefunden, was wirklich die innere Leere füllt, und das ist Gott* (in Giuliano, 1986). Der Aufenthalt der Beatles in Rishikesh war ursprünglich auf drei Monate angesetzt gewesen. Vorhersagbarerweise waren Ringo und seine Frau Maureen die ersten, die sich, schon nach zehn Tagen, mit Hinweis auf die „Zeltlageratmosphäre“ des Ashrams samt dem zu stark gewürzten Essen, den unzähligen Insekten und der drückenden Mittagshitze wieder verabschiedeten. Paul McCartney und Jane Asher machten sich einen Monat später, unter dem Vorwand von Heimweh, davon. John und Cynthia sowie George und Patti hielten durch, wobei John und George eine Vielzahl an Songs schrieben, die später auf dem „Weißen Album“ auftauchten. Tatsächlich wurden die meisten der mehr als dreißig Stücke auf dieser Platte im Ashram des Maharishi komponiert.

Der allgemeine Seelenfrieden wurde allerdings bald durch zahlreiche Verdachtsfälle erschüttert: *Zutreffend oder nicht kamen sie zur Überzeugung, der Maharishi verfolge hinsichtlich einer ihrer illustren Gefährtinnen, der Schauspielerin Mia Farrow, ausgesprochen weltliche Absichten. Sie konfrontierten ihn auf indirektem Wege mit ihren Vorwürfen, und als er nicht in der Lage war, eine entsprechende Antwort zu geben oder zu begreifen, worum es überhaupt ging, machten sie sich auf den Heimweg nach London* (Giuliano, 1986). *Die Ernüchterung der Beatles während ihres Aufenthaltes bei Maharishi bedingte sich auch in dem Vorwurf, dieser habe Sex mit einer zu Besuch weilenden amerikanischen Schülerin gehabt* (Anthony et al., 1987). Das Lied

„Sexy Sadie"[22] wurde später mit Blick auf die Schattenseiten „Seiner Heiligkeit" komponiert. Mia Farrow jedenfalls verließ den Ashram innerhalb weniger Tage, um an einer Tigerjagd teilzunehmen; sie kam nie mehr nach Rishikesh zurück. *1969 distanzierten sich die Beatles in einer öffentlichen Stellungnahme vom Maharishi, der ihrer Erkenntnis zufolge „süchtig nach Geld" war* (Klein und Klein, 1979).

George Harrison engagierte sich bald darauf heftig bei den Hare Krishnas (wie man dem Refrain seiner Single „My Sweet Lord" entnehmen kann[23]). Das Hauptquartier der Krishnas in London, das sogenannte „Baktivedanta Manor", war ein Geschenk Harrisons (das er zu einem bestimmten Zeitpunkt an Yoganandas *Self Realisation Fellowship* zu übertragen drohte, als die Krishnas das Anwesen nicht zu seiner Zufriedenheit pflegten).

Die auf Hingabe- und Mantra-Yoga basierende Hare Krishna-Bewegung wurzelt in der extrem patriarchalen Kultur der Veden [= Heilige Schriften des Hinduismus]. Sie wurde Mitte der 1960er von dem mittlerweile verstorbenen Bhaktivedanta Swami Prabhupada (1896-1977) in die USA gebracht, der kurz nach seiner Ankunft in einem Konzert in San Francisco auftrat, zusammen mit Grateful Dead, Jefferson Airplane und Janis Joplin. Er behauptete, sein eigener Meister sei ein Avatar [= vom Himmel herabgestiegener

---

22 „Sexy Sadie" klingt nicht von ungefähr an den Begriff „Sex-Sadist" an. Die ersten Zeilen des Textes lauten: „Sexy Sadie what have you done, You made a fool of everyone…" (Sexy Sadie, was hast Du getan, Du hast aus jedem einen Trottel gemacht…).

23 Die Machenschaften der Hare Krishnas färbten offenbar ab: „My Sweet Lord" war eindeutig von einem Original der US-Popband *The Chiffons* aus den 1960ern abgekupfert. Harrison musste 1,5 Millionen US-Dollars Strafe zahlen.

Gott] gewesen. (George, John und Yoko nahmen an einem ausführlichen Interview mit Prabhupada teil, das als Buch erschien und über Jahre hinweg von der Krishna-Organisation vertrieben wurde. Harrison schrieb auch das Vorwort zu Prabhupadas Buch *Krishna: The Supreme Personality of Godhead* von 1970.)

Detaillierte Angaben zu den horrenden Machenschaften innerhalb der Hare-Krishna-Gemeinschaft, einschließlich der weitverbreiteten Vorwürfe von sexuellen Missbrauch von Kindern, von Drogenhandel und dem Anhäufen von Waffen, gibt es schon lange: *Der Gründer der Bewegung, der verstorbene Prabhupada, soll schon 1972, zu einer Zeit also, zu der er absolute Kontrolle über die einzelnen Einrichtungen hatte, von körperlicher und sexueller Gewalt gegen Minderjährige innerhalb der Bewegung unterrichtet gewesen sein. Nach Angaben der Opfer hätten er und andere konspirativ zusammengewirkt, die Aufdeckung der Verbrechen zu verhindern, aus Sorge, es könne dadurch der Fortbestand der Bewegung gefährdet werden* (S. Das, 2003).

Nach Prabhupadas Tod zerfiel die Bewegung in eine Reihe rivalisierender Kleinsekten, in denen Mord, Missbrauch von Frauen und Kindern, Drogenhandel und Betrug in einer Weise aktenkundig wurden, dass jeder Mafia-Pate davon beeindruckt gewesen wäre (Hubner und Gruson, 1990). *Die Anführer der Nach-Prabhupada-Bewegung wurden erstmals im Mai 1996 gezwungen, sich den Missbrauchsopfern zu stellen, als auf einer Tagung eine Gruppe von zehn ehemaligen Krishna-Schülern bezeugte, sie seien regelmäßig körperlich gezüchtigt und mit einem Rohrstock geschlagen, dazu sexuell belästigt und unter Einsatz eines vorgehaltenen Messers vergewaltigt worden; medizinische Versorgung habe man ihnen grundsätzlich vorenthalten* (Goodstein, 1998). Oder: *Jungen sei befohlen worden, vor die Klasse zu treten und sich auf den Schoß des Lehrers, Sri Galima, zu setzen. Sri Galima habe sie vor versammelter Klasse vergewaltigt. Anderen Jungen habe er befohlen, nach dem Unterricht dazu-*

bleiben. Er habe ihre Hände mit Klebeband am Schreibpult befestigt und sich in nämlicher Weise an ihnen vergangen.[24] *Nächtens sei Fredrick DeFrancisco, Sri Galimas Assistent, in die Schlafsäcke der Jungen gekrochen und habe Oralsex mit ihnen durchgeführt* (Hubner und Gruson, 1990).

Zurück zur Mission des Maharishi Mahesh Yogi: Die Zahl TM-praktizierender Menschen entwickelte sich von 1967 bis 1974 mit nachgerade exponentiellen Zuwachsraten. 1975 gab es über eine halbe Million Menschen allein in den USA, die die Technik erlernt hatten, weltweit waren es über eine Million; der Maharishi war sogar auf dem Titel des *Time*-Magazins erschienen. 1973 wurde im kalifornischen Santa Barbara die *Maharishi International University* (MIU) begründet, die ein Jahr später in ihr bleibendes Hauptquartier nach Fairfield, Iowa, umzog.

Im Jahre 1976 entdeckte der Maharishi angeblich die Prinzipien übernatürlicher Kräfte", wie sie in Patanjalis *Yoga Sutras*[25] beschrieben sind. Diese umfassen vor allem die Technik des „Yogischen Fliegens" bzw. der „Levitation", [= eine Art Gehüpfe im Yoga-Sitz mit überkreuzten Beinen]. *1978 erklärte der Guru höchstselbst im TV (in der „Merv-Griffin-Show"), dass sich bislang etwa 40.000 Schüler in seine Kurse eingeschrieben hätten. Griffin stellte die unvermeidliche Frage: Wie viele davon haben gelernt zu levitieren? „Tausende", so der Große Meister* (Randi, 1982).

24 Ein Strafverfahren gegen Sri Galima (bürgerl. Gary Gardner, USA) wurde gegen Zahlung von 60.000 US-Dollars eingestellt. Galima betreibt bis heute ein „Krishna-Zentrum" in Pittsburgh/Pennsylvania.

25 Die dem mythischen Hindu-Gelehrten Patanjali zugeschriebenen (Yoga-)Sutras (sanskr. = Lehrtexte) dürften im 4. bis 5. Jahrhundert u.Z. entstanden sein. Ihr tatsächlicher Autor ist unbekannt.

Wiederholte Versuche des Skeptikers James Randi, einen Nachweis solcher Levitation zu erhalten, waren erfolglos. Desungeachtet waren im Jahre 1994 weltweit bereits 100.000 Menschen in der Technik des „Yogischen Fliegens“ unterwiesen worden. *Der Maharishi hatte zudem behauptet, fortgeschrittene Flieger könnten auch die Kräfte des Sich-Unsichtbarmachens und des Gedankenlesens entwickeln, dazu perfekte Gesundheit und Unsterblichkeit* (Epstein, 1995).

Darüber hinaus hatte „Seine Heiligkeit“ die Behauptung eines „Maharishi-Effekts“ aufgestellt, demzufolge eine relativ kleine Zahl an Meditierenden einen positiven Einfluss auf das Weltengeschehen nehmen könne. *Laut einer Pressemitteilung des Maharishi sei „die Zerstörung des Kosovo in dem Moment beendet worden, in dem die Gruppe der yogischen Flieger die Zahl 350 erreichte“* (Kraus, 2000).

In jüngerer Zeit tat der Maharishi kund, er beabsichtige den Weltfrieden herbeizuführen durch die Errichtung riesiger TM-Zentren mit tausenden von Vollzeitmeditierenden (Falsani, 2002): *Er erklärte, dass jede Regierung durch den Unterhalt einer Gruppe yogischer Flieger die höchste Qualität regierungsamtlicher Führungsarbeit in jeder Generation verwirklichen wird*[26] (in Maharishi, 1995). *Alle Probleme auf Erden werden in ferne Erinnerung entschwinden, das Leben wird von jedem Bürger jeder Nation in Vollkommenheit und Erfüllung geführt werden* (Maharishi, 1995). Im Windschatten des 11. September 2001 verkündete er, dass, *wenn ihm irgendeine Regierung der Welt eine Milliarde US-Dollars zur Verfügung stellte, er 40.000 yogische Flieger in Vollzeit anstellen und damit den Terrorismus beenden würde* (Carlson, 2002).

26 Der Maharishi tat sich bevorzugt in der dritten Person kund.

IX. Hier gewesen ... und jetzt?

Ram Dass

Der 1931 geborene Ram Dass, Autor von *Be Here Now* (1971), einem der grundlegenden Bücher, die das weitläufige Interesse des Westens an östlichen Denkrichtungen und Gurus in Bewegung gesetzt haben, hieß eigentlich Richard Alpert. Seine Studien an der *Stanford University* schloss er mit einem Doktorat in Psychologie ab. Zusammen mit Timothy Leary[27] setzte er seine Studien an der *Harvard University* in einem Programm zur Erforschung veränderter Bewusstseinszustände fort, bei dem unter relativ unkontrollierten Umständen große Mengen LSD eingesetzt wurden. Dieser Aktivitäten wegen wurde er 1963 der Fakultät verwiesen.

Vier Jahre später reiste er nach Indien, wo er auf den Mann traf, der bald darauf sein Guru wurde: Neem Karoli Baba, auch „Maharajji" (sanskr. = Großer König) genannt. Nach ein paar Monaten zu Füßen Neem Karolis kehrte er auf dessen Geheiß in die USA zurück, um dort die Lehre des Gurus zu verbreiten. *Ram Dass wurde insofern als „Einfallstor der Erleuchtung für Amerika" bezeichnet* (Carlton, in Brooke, 1999).

---

27 Timothy Leary (1920-1996), Psychologe und Wissenschaftsautor, der den Einsatz psychedelischer Drogen, vor allem LSD, zur Erweiterung des Bewusstseins propagierte.

1974, auf dem Höhepunkt seines Ruhms, verbrachte Ram Dass einen guten Teil seiner Zeit mit der in New York ansässigen spirituellen Lehrerin Joya Santana, bekannt als Ma Joya Sati Bhagavati, einer angeblich Stigmatisierten[28] und Mitanhängerin Neem Karoli Babas. Wie Ram Dass selbst berichtet: *Joya wiederholte fortwährend, sie sei nur auf die Erde gekommen, um als Werkzeug der Vorbereitung meiner Rolle als spiritueller Weltenführer zu dienen, und dass letztlich sie zu meinen Füßen sitzen werde. Zudem bekundete sie, sie sei niemand anderes als die „Göttliche Mutter" selbst* (Dass und Levine, 1977).

Dieses Mutterbild verknüpfte sich allerdings ganz offenbar nicht ausreichend mit Ram Dassens psychologischer Kenntnis ödipaler Komplexe, so dass das zwischen ihm und Joya Vorhersehbare nicht zu verhindern war: *Er fand verschlungene Wege, seine sexuelle Beziehung zu Joya zu rechtfertigen, ungeachtet des Umstandes, dass diese von all ihren Schülern das Ablegen eines strengen Zölibatsgelübdes verlangt und solches öffentlich auch für sich selbst abgelegt hatte. Sie verkündete, keine körperlichen Gelüste mehr zu haben, und Ram Dass akzeptierte bereitwillig ihre Erklärung, dass, wenn sie Sex zusammen hätten, sie tatsächlich nur ihn darin unterweise, so unabhängig von körperlichen Gelüsten zu werden, wie sie von sich behauptete, es zu sein* (Schwarz, 1996).

Die „Lernbegeisterung" auf Seiten Ram Dassens hielt, bedauerlicherweise für Ma Joya Sati, nicht sehr lange an. Wie er später schrieb: *Es gab einfach zu viele Warnsignale. Ich begann die Ähnlichkeiten zu sehen zwischen meinen Erfahrungen und den Geschichten, die ich über andere Kultbewegungen gehört hatte, wie die Gruppe um Reverend Moon, die sogenannten Jesus-Freaks oder die Hare-Krishna-Szene. Jede davon erschien mir als totalitäres Wirklichkeitssystem, das jedes Sich-darauf-Einlassen zur bindenden Verpflich-*

28 Stigmatisierte weisen angeblich die Wundmale Christi auf.

tung machte, was jeden spirituellen Wandel verunmöglicht (Dass und Levine, 1997).

„Hier gewesen, das da gemacht... und jetzt?" In der Tat: „Und jetzt?"

X. Der Skorpionmann

Satya Sai Baba

Gleichwohl Satya Sai Baba nur bis zu seinem dreizehnten Lebensjahr zur Schule ging, beherrscht er in vollendeter Meisterschaft sämtliche Schriften, sämtliche Wissenschaften, Künste und Sprachen, kurz: sämtliche akademischen Studienbereiche. Tatsächlich weiß er alles aus all unseren Lebensverläufen – einschließlich deren Vergangenheit, Gegenwart und Zukunft (Warner, 1990). *Satya Sai Baba sagt, er sei ein Avatar* [= vom Himmel herabgestiegene Gottheit], *wahlweise auch der Prophet Gottes für unsere jetzige Zeit* (Giuliano, 1989). *Ab 1963 behauptete Baba, er sei die Inkarnation von Shiva und Shakti* [= führende Hindu-Gottheiten]. *Seit er Anhänger aus dem Westen hinzugewann, verkündete er zudem, er sei der wiedergekehrte Jesus Christus* (Mangalwadi, 1992).

Satya Sai Baba – gezeugt angeblich auf dem Wege unbefleckter Empfängnis – kam im Jahre 1926 in Südindien zu Welt. Im zarten Alter von dreizehn Jahren wurde er von einem Skorpion gestochen, woraufhin er kundtat, er sei die Inkarnation des Shirdi Sai Baba, eines Hindu-Heiligen, der acht Jahre vor Satyas Geburt verstorben war. Anderen Berichten zufolge sei der vorherige Bewohner des Satya-Körpers durch den Skorpionstich gestorben, woraufhin der Geist Shirdi Sai Babas den nunmehr leerstehenden Körper übernommen habe. Allerdings gibt es auch Berichte, Satya sei bereits „seit seiner Empfängnis“ in seinem eigenen Körper präsent gewesen.

Jedenfalls hat Satya Sai Baba es von bescheidenen – an Spiderman erinnernden – Anfängen zu einer Anhängerschaft von weltweit bis zu fünfzig Millionen Menschen und einem Vermögenswert seiner Organisation von rund sechs Milliarden US-Dollars gebracht. Zu seinen Jüngern zählte mithin Sarah Fergusson, die frühere Ehefrau von Prinz Andrew.[29]

Selbstredend würde kein „göttlicher Prophet unserer Zeit“ vom Himmel herabsteigen, ohne zahlreiche Zeichen zu geben und Wunder zu vollbringen. *Wie Jesus Christus soll Satya Sai Baba auf wundersame Weise Nahrungsmittel hervorgebracht haben, um Mengen an Menschen zu speisen; auch soll er Anhängern in Zeiten von Not und Bedürftigkeit im Geiste erschienen sein. Es gibt zahlreiche Berichte über Wunderheilungen, in wenigstens zwei Fällen soll er Tote haben auferstehen lassen* (Brown, 2000).

Die ersten weiterverbreiteten Hinweise, Satya Sai Babas Darbietungen seien womöglich gar nicht so wundersam, tauchten in Zusammenhang mit dem Besuch eines ostindischen Premierministers in seinem Ashram [= Kloster] auf; Satya Sai Baba schien dabei eine goldene Armbanduhr als Geschenk zu „manifestieren“: *Als Mitarbeiter des indischen Staatsfernsehens Aufnahmen des Vorganges in Zeitlupe zurückspulten, sahen sie, dass das angebliche Wunder nichts als ein Taschenspielertrick war. Der Filmausschnitt wurde nie in Indien ausgestrahlt, kursierte aber weithin auf Video* (Kennedy, 2001).

29 Später konvertierte die „Herzogin von York“ zur Anhängerschaft des Dalai Lama.

Das hätte nun sicher keinen unter den skeptischen Bühnenmagiern überrascht, die in der Vergangenheit immer wieder Satya Sai Babas „wundersame“ Hervorbringung „Heiliger Asche“ oder seine sonstigen Darbietungen bezweifelt und konsequenterweise verworfen hatten: *Die Überprüfung von Filmmaterial und Videobändern der jeweiligen Vorführungen Satya Sai Babas zeigen diese als simple Taschenspielertricks, exakt der Sorte, wie sie auch von anderen indischen „Jaduwallahs“ oder „Straßengauklern“ vorgeführt werden. Satya Sai Baba hat sich niemals einer Überprüfung seiner angeblichen Fähigkeiten unter kontrollierten Bedingungen unterzogen, seine Behauptungen sind vollkommen unbelegt* (Randi, 1995). Ein ehedem hingebungsvoller Schüler aus dem inneren Zirkel um Satya Sai Baba hat ebendies unabhängig bestätigt. Seiner Aussage zufolge habe er selbst gesehen, wie „Ringe, Armbanduhren oder andere Kinkerlitzchen von Satya Sai Baba in der Hand versteckt oder seitlich aus dem Kissen eines Stuhl hervorgezogen wurden; auch wie *Vibhuti*-Tabletten [= gepresste Asche] zwischen den Fingern gehalten und zerbröselt wurden, bevor er die Asche „manifestierte“: *Satya Sai Babas hauptsächliches und am meisten gepriesenes „Wunder“ ist die Hervorbringung einer als „Vibhuti“ („Heilige Asche“) bezeichneten Materie aus seinen leeren Händen. (In einer Analyse der „Heiligen Asche“ stellte sich heraus, dass es sich dabei um eine Mixtur aus getrocknetem Kuhdung und Räucherstäbchenweihrauch handelt.) Indische Straßengaukler (Jaduwallahs) führen diesen Trick vor, indem sie kleine Aschekügelchen herstellen und diese am unteren Ende der Fingerglieder verstecken; sie reiben die Kügelchen in der geschlossenen Hand zu Pulver und produzieren so das Herausrieseln feiner Asche. Ihr Trick unterscheidet sich in nichts von Satya Sai Babas „Wunder“* (Randi, 2000).

Die Bedenken rund um Satya Sai Baba beschränkten sich nicht auf Fragen zur Authentizität seiner „Wunder“. Tatsächlich hat bereits 1976 einer seiner Schüler von seinen persönlichen Erfahrungen aus zwei Jahren enger Beziehung zu Baba in den späten 1960ern berichtet: *Babas auffordernde Beckenbewegung stoppte. Plötzlich öffnete eine Hand meinen Hosenschlitz, um wie eine Natter, die bei Abenddämmerung heimkehrt, darin zu verschwinden* (Brook, 1999). Conny Larsson, ein bekannter schwedischer Schauspieler, sagte aus, Satya Sai Baba habe sich in homosexueller Absicht nicht nur an ihn herangemacht, vielmehr sei ihm von jungen männlichen Anhängern berichtet worden, dass der Guru in gleicher Absicht auch hinter ihnen hergewesen sei. *Larsson gab an, der Guru habe über einen Zeitraum von fünf Jahren regelmäßig Oralsex an ihm praktiziert und umgekehrt das gleiche beansprucht. „Bis 1986 hatte er mit vielen jungen Anhängern gesprochen, die meisten davon attraktive blonde Burschen aus dem Westen, die ihm berichteten, ebenfalls Sex mit Satya Sai Baba gehabt zu haben“* (B. Harvey, 2000a).[30] *Hans de Kraker, der Satya Sai Babas Ashram erstmalig im Jahre 1992 besuchte, sagte aus, der Guru habe regelmäßig Öl auf seine Genitalien aufgetragen und behauptet, dies die-*

30 Im Jahre 2005 brachte der schwedische Schauspieler Conny Larsson unter dem Titel *Bakom Clownens Mask* (= Hinter der Maske des Clowns) ein schwedischsprachiges Buch heraus, das sich mit den betrügerischen Machenschaften und vor allem der pädokriminellen Sexbesessenheit des selbsternannten „Avatars“ befasst. Es wirft auch Licht auf den nie richtig aufgeklärten mutmaßlichen Mord an sechs jugendlichen Anhängern am 6. Juni 1993 in den Schlafgemächern des Gurus durch dessen Privatpolizei. Teile des Buches wurden ins Englische übersetzt und sind unter dem Titel *Behind the Mask of the Clown: Truths, Sex and Sects* und unter www.saibabaexpose.com/Clown‘sMask.htm abrufbar.

ne religiöser Reinigung; letztlich versuchte er, ihn zu Oralsex zu nötigen (P. Murphy, 2000).[31]

Keine dieser Anschuldigungen hat jemals das Vertrauen derer, die Satya Sai Baba nahestanden, ins Wanken gebracht: *Der Präsident der Satya Sai Baba Dependance in British Columbia, Nami Thiyagaratnam,*[32] *meinte, es überrasche ihn nicht, dass manche Menschen die Reputation eines so wundervollen Mannes wie Satya Sai Baba zu zerstören trachten. Immerhin hätten Menschen auch Jesus Christus und Buddha verfolgt* (Todd, 2001). *Dr. Michael Goldstein, Direktor der einflussreichen US-Dependance Satya Sai Babas, hat sämtliche Anschuldigungen zurückgewiesen. Sie seien, wie er sagt, völlig unglaubhaft. Satya Sai Baba bleibe göttlich rein, erfüllt von „selbstloser Liebe". Die Antwort an alle, die daran zweifelten, so Goldstein, liege darin, mehr Vertrauen zu zeigen* (Todd, 2001).

Satya Sai Baba selbst, der den Medien nur selten Interviews gab, spielte während eines Vortrages auf die gegen ihn erhobenen Anschuldigungen an und meinte: „Einige Anhänger scheinen beunruhigt zu sein über diese falschen Behauptungen. Das sind keine wahren Anhänger (Goldberg, 2001).

„Gott" zu sein bedeutet schließlich, niemals sagen zu müssen, dass man etwas bedauere.[33]

---

31 Hans de Kraker, ein australischer Graphikkünstler und Ex-Anhänger Satya Sai Babas, leitete über mehrere Jahre hinweg die Kantine für West-Schüler in dessen indischem Ashram. Er hatte mehr als 35 Privataudienzen mit dem Guru. Seine Erfahrungen sind unter www.saiguru.net/english/personal_exp/07kraker.htm abrufbar. (De Kraker hatte Satya Sai Baba bereits 1988 kennengelernt, war aber erst 1992 in den Ashram gekommen.)

32 Nami Thiyagaratnam unterrichtet unangefochten Betriebswirtschaft an der Universität von Victoria, B.C., Kanada.

33 Satya Sai Baba starb, 84-jährig, im April 2011.

XI. Selbst wenn ...

Swami Rama

Swami Rama wurde vermutlich im Jahre 1925 geboren, angeblich wuchs er als Waise in Nordindien auf. Schon in jungen Jahren, so wird berichtet, sei er von einem der „größten Meister des gesamten Himalaya", Bengali Baba, adoptiert worden. Im Alter von vierundzwanzig Jahren, wie die Geschichte weitergeht, habe er die Position des „Shankaracharya von Karvipitham" erhalten, wodurch er zu einem der vier führenden Gurus der Hindu-Hierarchie wurde. Kaum zwei Jahre später jedoch habe er allem Anschein nach diese Position wieder aufgegeben. Er habe sich ohne weitere Mitteilung davongemacht, um in den Bergen zu meditieren.

Rama behauptete auch, er habe später an den Universitäten Hamburg, Utrecht und Oxford studiert. Es stellte sich allerdings heraus, dass wesentliche Teile der offiziellen Biographie des Swami wohl frei erfunden waren (Webster, 1990). Definitiv jedenfalls kam Rama im Jahre 1969 in die USA, wo er bald an Biofeedback-Demonstrationen an der *Menninger-Stiftung* in Topeka, Kansas, teilnahm.[34] Er soll

34 Die 1919 in den USA begründete *Menninger Foundation* besteht aus einem Konsortium psychiatrischer Kliniken und Sanatorien, die seit je einen dem medizinischen Mainstream zuwiderlaufenden experimentellen Ansatz der Gruppentherapie vertraten.

dabei die Fähigkeit gezeigt haben, bewusst verschiedene Aspekte des autonomen Nervensystems [= Herzschlag, Blutdruck etc.] zu kontrollieren.

1971 begründete der Swami das *Himalayan International Institute* in Illinois, mit dem Ziel, altes spirituelles Weistum in moderne Begrifflichkeit zu übertragen. 1977 zog die Organisation in einen Ashram [= Meditationszentrum] in den Pocono-Bergen im Nordosten Pennsylvanias um, wo man die Möglichkeit hatte, das Hauptquartier des Instituts sowie mehr als hundert Bewohner und Gäste unterzubringen. In dieser idyllischen Umgebung konnte sich das notorische Guru-Schüler-Verhältnis ungehindert entfalten: Ramas Anhänger glaubten, dieser könne kraft seines Überbewusstseins ihre Gedanken lesen, Krankheiten heilen und dergleichen mehr.

Im Dezember 1990 veröffentlichte das renommierte Fachmagazin *Yoga Journal* einen Enthüllungsbericht mit detaillierten Anschuldigungen über Fehlverhalten Ramas, einschließlich des Vorwurfes sexueller Übergriffe. Eine der beteiligten Frauen beschrieb darüber hinaus eine öffentliche, allerdings nicht-sexuelle Begegnung mit dem Weisen: der Swami habe ihr dabei ein Hundehalsband samt Leine umgelegt und sie zum Amusement der anwesenden, ihm treu ergebenen Anhänger herumgeführt. Er wurde auch beschuldigt, Frauen in das Gesäß getreten zu haben, als diese auf Händen und Knien Unkraut jäteten (in Webster, 1990). Pandit Rajmani Tigunait, seinerzeit „spiritueller Direktor" des Ashrams und Mitglied des institutseigenen Lehrkörpers, beantwortete die gegen Rama gerichteten Vorwürfe sexueller Übergriffe so: *Selbst wenn es geschehen sein sollte, was wäre schon groß dabei? Manche sagen auch, dass Mahatma Gandhi mit Frauen geschlafen habe. Gott weiß, ob es wahr ist oder nicht, aber selbst wenn es wahr wäre, wäre es ein ganz natürlicher Vorgang gewesen. Selbst wenn ich es herausfinden könnte, ob Swami Rama sich schuldig gemacht hat, weshalb sollte ich? Ich will es gar nicht herausfinden. Es gibt keine Not-*

wendigkeit, es herauszufinden, wenn ich genau weiß, dass es absolut unwahr ist (Webster, 1990). Darüber hinaus war die Reaktion der Institutsgemeinschaft um Swami Rama auf die Frauen, die ihm unsittliches Verhalten vorwarfen, Berichten zufolge exakt so, wie zu erwarten stand: die Frauen wurden als „emotional gestört" abgetan oder als „Lügnerinnen" angesehen (Webster, 1990).

Swami Rama starb 1996. Im Herbst 1997 sprach ein Gericht in Pennsylvania einer früheren Mitbewohnerin des *Himalaya-Instituts* Schadensersatz in Höhe von 1,875 Millionen US-Dollars zu. Die Frau hatte angegeben, in den frühen 1990ern von Rama mehr als dreißigmal vergewaltigt worden zu sein. Zu dieser Zeit war sie neunzehn Jahre alt, noch Jungfrau, und hatte gerade die Highschool abgeschlossen. Das Institut habe nichts unternommen, die gewaltsamen Übergriffe Ramas zu stoppen, gleichwohl es nicht nur Kenntnis von diesen Übergriffen hatte, sondern ähnliche Beschwerden auch von anderen Anhängerinnen vorlagen.

Besagter Pandit Tigunait ist bis heute „spirituelles Oberhaupt" des *Himalaya-Instituts* und anerkannter „spiritueller Nachfolger" des Swami Rama.

„Selbst wenn es geschehen sein sollte ..."

XII. Mehr Klimmzüge

Sri Chinmoy

Sri Chinmoy ist ein vollständig verwirklichter spiritueller Meister, der sich der Inspiration jener und dem Dienst an jenen widmet, die einen tieferen Sinn im Leben suchen (Chinmoy, 1985).

Chinmoy Kumar Ghose (1931-2007), ein gebürtiger Bengali,[35] kam 1964 in die USA, nachdem er zuvor zwei Jahrzehnte lang im südindischen *Sri Aurobindo Ashram* gelebt hatte. Drei Jahre nach seiner Ankunft begründete er im New Yorker Stadtteil Queens sein eigenes *Aum Meditation Center.*

Chinmoy, der vom *Wall Street Journal* einmal als „Stuntman der spirituellen Welt" betitelt worden war, verdiente sich dies Bezeichnung durch zahllose Vorführungen „artistischer Kraftakte" immer wieder aufs Neue. Chinmoy: *The Supreme* [= Gott] *will nicht, dass du dich zufrieden gibst mit fünfzig Metern. Er will, dass du einundfünfzig Meter läufst, zweiundfünfzig, vierundfünfzig… Ansonsten, wenn du immer das gleiche Ziel anstrebst, wird die Sache eintönig* (in Jackson,

35 Das heutige Bangladesh stand seinerzeit unter der Kolonialherrschaft Großbritanniens; es wurde als Bengalen bezeichnet.

1996). *Gewichtheben ist die „perfekte Analogie zu spirituellem Leben", wie ein Anhänger Chinmoys erklärt: „So wie das leblose Gewicht emporgehoben wird, so kann auch das niedere, unerleuchtete Wesen einer Person emporgehoben werden auf eine höhere Ebene des Friedens, des Lichtes und der Freude"* (Rae, 1991). Chinmoys öffentlich vorgeführte Gewichtheberkunststücke (die er mit einem Nautilus-ähnlichen Gerät vollführte, das ihm die meiste Arbeit abnahm[36]) umfassten das Hochheben von tausend Schafen in Australien, jeweils vier auf einmal, oder das Anheben eines *Piper Arrow* Kleinflugzeuges, stehend auf einem Bein; auch das Hochheben eines *Ford Pickup*, eines Elephanten, eines kleinen Schulhauses ...

Allerdings waren Chinmoys massenhafte Höchstleistungen nicht beschränkt auf das Heben von Gewichten. Vielmehr, sofern seinen Anhängern geglaubt werden darf, schrieb der Mann wenigstens 1.200 Bücher, 62.000 Gedichte und 14.000 Liedtexte. *1974 schrieb er 360 Gedichte in vierundzwanzig Stunden, übertrumpft im folgenden Jahr von 843 Gedichten an einem einzigen Tag. In hundert Tagen, von November 1974 bis Februar 1975 schuf er 10.000 Kunstwerke – Tuschzeichnungen, abstrakte Acryl- und Wasserfarbenbilder* (Jackson, 1996). Tatsächlich produzierte der Avatar [= vom Himmel herabgestiegene Gottheit] nach eigener Zählung mehr als vier Millionen Zeichnungen von Vögeln, sowie insgesamt 150.000 Gemälde.

Vier Millionen Zeichnungen, umgelegt auf siebzig Lebensjahre, hieße mehr als 150 Zeichnungen pro Tag, oder eine Zeichnung alle zehn Minuten, wenn er nichts anderes getan hätte während eines Lebens ohne Schlaf, als Vögel zu zeichnen. All das zu bewerkstelligen und darüber hinaus

36 Geräte der US-Firma Nautilus Inc. sind Bodybuilding-/Kraftmaschinen mit eingebautem Exzenter, die Training ohne übermäßigen Kraftaufwand erlauben.

noch Zeit zu finden für Meditation und Körpertraining verlangt fast mehr als nur vierundzwanzig Stunden pro Tag ...

Hinsichtlich seiner spirituellen Höchstverwirklichung und den Jahren der Meditation als Grundlage seiner angeblich nachgewiesenen Produktivität und seiner vorgeführten Körperkräfte erklärte Chinmoy: *Wenn jemand das Höchste verwirklicht hat und bewusst eins wird mit dem absoluten Höchsten, bedarf es des Betens und Meditierens nicht mehr. Da ich aber eine Vielzahl an Schülern habe, meditiere ich für sie, so wie ich Jahre zuvor für mich selbst meditiert habe* (Chinmoy, 1978). Er ließ keinen Zweifel an seiner eigenen Wichtigkeit in der Beförderung des spirituellen Wachstums seiner Schüler: *Der Guru hat die Macht, das Gesetz des Karma*[37] *für seine Schüler aufzuheben* (Chinmoy, 1985). *Ohne einen Guru wird dein Fortschritt sehr langsam und ungewiss sein ... Die beste Art der Meditation ist die, wenn man in mein Bewusstsein eintritt, indem man ein Bild anschaut, auf dem ich im Zustand hohen meditativen Bewusstseins zu sehen bin* (Chinmoy, 1978).

Chinmoy war vorgeblich auch erfolgreicher Musik-Entertainer. Glaubt man seinen Presseverlautbarungen, hat der Mann in zwanzig Jahren fast dreihundert Konzerte gegeben, in dreißig Ländern und vor fast einer halben Million Menschen. Sein persönlicher Rekord für die meisten innerhalb eines einzigen Konzertes gespielten Instrumente liegt bei einhundertundfünfzig.[38]

37 Gemeint ist abzuarbeitende Schuld aus „früheren Leben“.

38 Tatsächlich beherrschte er kein einziges Instrument, vielmehr dilettierte er auf jedem nur laienhaft herum.

Chinmoys Lehre über die Beziehung von Sex und Spiritualität suchte ihresgleichen: *Um Selbstverwirklichung zu erlangen ist das Zölibat absolut unerlässlich... Gotteserkenntnis und Sexleben sind wie eine Verbindung von Zucker und Salz. Wenn wir versuchen sie zu vermischen, schmecken wir weder das eine noch das andere... Wirklich Fortgeschrittene stellen fest, dass niedere Lebensbedürfnisse sie nicht mehr berühren. Für sie hat sich das Leben der Vergnügungen abgelöst durch ein Leben wahrer Freude. Und natürlich kann ihnen, sobald Verwirklichung geschieht, die Versuchung nichts mehr anhaben* (in Ross, 2003d). Solcher Standpunkt steht gleichwohl in Kontrast zu den zahlreichen Vorwürfen sexuellen Fehlverhaltens, die gegen den Guru erhoben wurden. Chinmoy hat diese Anschuldigungen stets über seine Anwälte zurückgewiesen. Und was hatte er selbst zu dem Verhalten zu sagen, das ihm vorgeworfen wurde? *Sogenannte menschliche Schwächen sind eine Sache; wenn aber der Meister niederen Lebensbedürfnissen nachgibt, Sex, dann ist er ein schlechter Meister und ihr müsst ihn verlassen* (Chinmoy, 1985). *Der Guru hat ein vollkommenes Beispiel zu sein für das, was er lehrt. Sein äußeres Wesen hat ein perfektes Beispiel zu sein für das, was er sagt. Ansonsten ist er kein Guru. Die Verantwortung eines Gurus ist ungeheuer groß. Wenn der Guru kein perfektes Beispiel seiner Lehren abgibt, dann ist er kein wahrer Guru. Er ist das, was im Bereich der Medizin als Quacksalber bezeichnet wird* (in Ross, 2003d).

Nun, wenn es aussieht wie eine Ente, meditiert wie eine Ente und Gewichte hebt wie eine Ente...[39]

39 Im angelsächsischen Sprachraum steht die Ente (duck) wegen ihres Gequakes (to quack) allegorisch für den Quacksalber (quack), auch wenn der Begriff ursprünglich von untauglichen Quecksilbersalben herrührt, die von mittelalterlichen Scharlatanen vertrieben wurden. Tatsächlich bedeutet „quack" im Englischen sowohl „Entchen" als auch „Scharlatan" oder „Quacksalber". („Well, if it looks like a duck, meditates like a duck, and lifts weights like a duck...")

XII. Thai Surprise[40]

Thai-Buddhismus

Mehr als 350.000 Mönche und Novizen leben in den 35.000 Tempeln Thailands, durchschnittlich zehn Mönche pro Tempel. Zu den grundlegenden Glaubensregeln, die diesen frommen Männern auferlegt sind, zählt das strikte Gebot, niemals Drogen oder Frauen anzurühren. Offensichtlich bedeuten solche Einschränkungen weder ein leichtes noch ein aufregendes Leben.

Da haben wir also den Verzicht leistenden buddhistischen Mönch, der, just um der Eintönigkeit zu entgehen, mit Stolz mehr als sechzig Nobel-Oldtimer zur Schau stellt, viele davon von der Marke *Mercedes*. Einige davon waren ihm geschenkt worden, andere hatte er mit Geldern aus der Tempelkasse dazugekauft in der vorgegebenen Absicht (gleichwohl mit fragwürdigem Geschäftssinn), ein Oldtimer-Museum er-

40 „Thai Surprise“ ist ein Überraschungsgericht auf der Speisekarte thailändischer (Fastfood-)Restaurants: der Gast weiß nicht, was er aufgetischt bekommt. Zugleich ist es ein Begriff aus dem Rotlichtmilieu: der Kunde weiß nicht, welch überraschende Sex-Praktiken (i.d.R. Analverkehr) er serviert bekommt.

öffnen zu wollen, von dem der Orden dann hätte profitieren sollen.

Und da gab es den Mönch, der von einer Kamera dabei ertappt wurde, wie er, eine Perücke auf dem Kopf, das Nachtleben genoss, einschließlich lauten Karaoke-Singens, Sich-mit-Alkohol-Zuschüttens und sonstig anstößigen Verhaltens (Ehrlich, 2000).

Darüber hinaus gab es den hochangesehenen Mönch, der der Unterschlagung von Geldern beschuldigt wurde und insofern als spiritueller Berater des Premierministers zurücktreten musste. Dies allerdings erst, nachdem er zusätzlich beklagt worden war, Sex mit einigen seiner Anhängerinnen gehabt und auch ansonsten ein ausschweifendes Leben geführt zu haben: „Sein Kloster war mit modernster Unterhaltungselektronik, teuerstem Mobiliar und luxuriösen Autos ausgestattet“ (PlanetSave, 2001).

Und da gab es den stellvertretenden Abt, der auf Tonband mitgeschnitten wurde, in ausgezeichneter Tonqualität, wie er Telephonsex mit Frauen hatte (Thompson, 2000).

Und es gab die Mönche, die beschuldigt wurden, mit synthetischen Aufputschmitteln gehandelt und Kontakt zu Prostituierten gepflogen zu haben (Economist, 2000).

Und da war der Abt, der teueren Whiskey liebte und eine Nobelkarosse fuhr, der sein Mönchsgewand ausziehen musste, weil er sein Mönchsgewand ausgezogen hatte: bei zwei Frauen gleichzeitig. Eine nachfolgende Hausdurchsuchung bei dem heiligen Mann brachte pornographisches Material, Damenunterwäsche und Kondome zum Vorschein.

Und da gab es den Mönch, der in grausiger Manier Babies röstete – glücklicherweise bereits tote –, in der Hoffnung, daraus Fett für irgendwelche magischen Zeremonien zu gewinnen (Ehrlich, 2000).

Und da gab es den Abt, der wegen Mordes an einer Frau verhaftet wurde, deren Überreste man in der Jauchegrube eines Nachbarn fand (Ehrlich, 2000).

Und da gab es letztlich den Mönch, der dabei erwischt wurde, wie er sich sexuell an einer Leiche verging, die in einem Sarg im Untergeschoß des Tempel-Krematoriums aufgebahrt war.

Thai Surprise.

XIV. Schlachtfeld Teegeeack

Scientology

Hubbard: *Scientology ist der einzige Weg zu totaler Freiheit und totaler Macht* (in Burroughs, 1995). *Scientology ist die einzig bestehende Wirkmacht, die die Ausradierung aller Zivilisation verhindern oder eine neue, bessere hervorbringen kann* (in Wallis, 1976).

Scientology wurde, ebenso wie ihr Wegbereiter *Dianetics*,[41] in den 1950ern von dem Groschenheft- und Science-Fiction-Autor Lafayette Ron Hubard (1911-1986) begründet, der die Ursprünge aller Religion auf die heiligen Schriften der Hindus (Veden) zurückführte und darüber hinaus behauptete, die Wiedergeburt Buddhas zu sein. *Hubbard wurde in Scientology-Verlautbarungen für fortgeschrittene Schüler als Buddha Maitreya* [= künftiger Buddha] *beschrieben, dessen Erscheinen von Gautama Buddha* [= „historischer" Buddha] *prophezeit worden sei* (Wallis, 1976). *Die meisten seiner Anhänger hielten ihn für brillanter als Einstein, erleuchteter als Buddha und ebenso machtvoll, Wunder zu wirken, wie*

41 Im Jahre 1950 beschrieb L. Ron Hubbard in einer Schrift mit dem Titel *Dianetics* ein System selbsterfundener Psychotechniken, das er ab 1952 zu einer als „Scientology" bezeichneten Weltanschauungslehre mit dem Anspruch einer Religion erweiterte.

Jesus Christus (Atack, 1996). Entsprechend wurde er von seinen getreuen Anhängern als der einzige angesehen, der die Welt erretten könnte (Miller, 1987).

Die Welt erretten ...? Aber wovon? Um diese Frage zu beantworten, muss man tief in die Lehre von Scientology eintauchen: Vor 70 Millionen Jahren sei unsere Erde – seinerzeit Teegeeack genannt – als Teil einer galaktischen Konföderation von einem bösen Titanen namens Xenu unterdrückt worden. Angesichts des Problems einer Übervölkerung seiner Planeten trieb Xenu alle Taugenichtse des Imperiums zusammen. Er sperrte sie in Vulkane auf der Erde und sprengte diese mit Hilfe von Atombomben in die Luft. Die Seelen („Thetane") wurden eingesammelt und in menschliche Wesen eingepflanzt. Oder so ähnlich.[42] Und das, wie selbst Scientology-Anhänger Tom Cruise sehen und verste-

42 Hubbard trug die Geschichte Xenus erstmals im Jahre 1968 vor, sie wird seither in unterschiedlichen Fassungen kolportiert: Eine davon: Xenu, Herrscher einer galaktischen Konföderation aus 26 Sternen und 76 Planeten, einschließlich der unbewohnten und als Teegeeack bekannten heutigen Erde, habe vor rund 70 Millionen Jahren versucht, die „unbrauchbaren" Teile der Bevölkerung seines Imperiums – auf jedem Planeten lebten exakt 178 Milliarden Menschen – zu eliminieren. Mit der Hilfe von Psychiatern habe er Milliarden „überzähliger" Menschen mit Alkohol- und Glykolinjektionen gelähmt, in Raumschiffe verladen und nach Teegeeack transportiert. Dort habe er sie in Vulkane gesperrt und diese mit Wasserstoffbomben gesprengt. Nur wenige Menschen hätten überlebt. Die entkörperten Seelen der Opfer, „Thetane" genannt, hätten sich zu Schwärmen zusammengeschlossen und seien in die Überlebenden der Vulkanexplosionen eingetreten. Teegeeack sei Gefängnisplanet der galaktischen Konföderation geblieben, auf dem bis heute die Nachfahren der seinerzeit Ausgestoßenen lebten. (Auch wenn die Geschichte Xenus zu den zentralen Glaubensinhalten von Scientology zählt, versucht man in der Außendarstellung nach Kräften, ihre Bedeutung herunterzuspielen.)

hen konnte, sei die Ursache aller Probleme der Menschheit. Dankenswerterweise jedoch könne diese Problematik behoben werden, und zwar durch scientologisches Auditing, ein Verfahren, das durch einen als E-Meter bezeichneten sehr vereinfachten Lügendetektor bewerkstelligt wird. In der Tat verspricht Scientology, mit Hilfe dieses für den Probanden höchst kostspieligen Verfahrens, die „durch Probleme des gegenwärtigen Lebens oder vergangener Leben entstandenen seelischen Narben zu heilen“ (Richardson, 1993).

Zu den weltweit angeblich sieben Millionen Anhängern von Scientology zählen dem Vernehmen nach der Pianist Chick Corea, der Jazzsänger Al Jarreau, auch Van Morrison oder Isaac Hayes. Auch Jazzpianist Dave Brubeck glaubte, dass scientologisches Auditing ihm bei seiner künstlerischen Karriere geholfen habe (Evans, 1973). Gleichermaßen hatte auch Charles Manson während einer seiner frühen Haftstrafen etwa 150 Stunden scientologisches Auditing erhalten (Atack, 1990), über das er die gefeierte Ebene des „Clear“ erreicht haben soll, und zwar *bevor* er zum Massenmörder wurde.[43]

In jüngerer Zeit haben die US-Schauspieler Dustin Hoffman und Goldie Hawn einen „Offenen Brief“ an den seinerzeitigen deutschen Bundeskanzler [= Helmut Kohl] unterzeichnet, in dem vehementer Protest erhoben wurde gegen die angebliche Diskriminierung von Scientologen in Deutschland, die sie in heilloser Übertreibung mit der Be-

43 Charles Manson (*1934), der sich als Jesus und Satan in einer Person vorkam, wurde 1969 durch die Ermordung der US-Schauspielerin Sharon Tate und vier weiterer Menschen bekannt. (Laut Scientology sei man auf der Ebene des „Clear“ in der Lage, „unabhängig und mit einem hohen Maß an persönlicher Integrität“ zu handeln.)

handlung von Juden während des Zweiten Weltkrieges verglichen (Bart, 1998).[44]

Sei es wie es mag, Krawattenträger Hubbard unterhielt ab Anfang der 1970er seinen eigenen Trupp privilegierter weiblicher „messengers“ [= „Dienstbotinnen“] im Teenie-Alter. Diese hübschen blonden Cheerleader-Mädchen, die um die Aufmerksamkeit des altersschwachen Hubbard buhlten, trugen eigens designte Uniformen, bestehend aus Hot Pants, freizügigem Oberteil, kurzen Socken und Plateauschuhen. Zu ihren beneideten Pflichten gehörte es dem Vernehmen nach, Hubbard die Haare zu waschen, ihn zu massieren und ihm beim An- und Ausziehen behilflich zu sein (Miller, 1987). Gleichwohl bestand das Leben der „messengers“ nicht nur aus Vergnügen und östrogenbefeuerten Spielchen: *Einmal war Hubbard über eines der Mädchen verärgert, das für einen Auftrag zu viel Geld ausgegeben hatte. Also nahm er allen für zehn Tage das Toilettenpapier weg* (in Corydon und Hubbard, 1998).

Allerdings war sein Interesse an finanziellen und rektalen Angelegenheiten nicht auf Teenie-Mädchen beschränkt: *Er beharrte darauf, die emotionale Stimmungslage Homosexueller sei allemal „versteckte Feindseligkeit“: Sie seien hinterhältige Verräter, jeder einzelne von ihnen. Homosexualität sei zu ächten* (Atack, 1990). Ganz offenbar war seine Duldsamkeit für Gleichberechtigung auch in anderen Bereichen nicht sehr viel ausgeprägter: *Ich sehe nicht, dass Demokratie irgendetwas für die Menschheit getan hat, außer*

44 Es handelte sich um eine von zahlreicher US-Prominenz unterschriebene ganzseitige Anzeige von Anfang Januar 1997 in *The International Herald Tribune* (Kosten 56.000 US-Dollars), in der gegen das „beschämende Muster organisierter Verfolgung der Scientology-Kirche durch die deutsche Regierung“ protestiert wurde.

sie noch weiter in den Dreck zu stoßen. Demokratie hat uns nichts anderes gebracht als Inflation und Einkommenssteuer (in Corydon und Hubbard, 1998).

In einer Titelgeschichte von Mai 1991 beschreibt das *Time*-Magazin Scientology als „enorm profitable weltweite Verbrecherbande, die davon lebt, dass sie Mitglieder und Kritiker in Mafia-ähnlicher Manier einschüchtert" (Behar, 1991). *Einer von Hubbards Grundsätzen war, dass als solche wahrgenommene Feinde „Freiwild" seien und „belogen, betrogen, vor Gericht gezerrt und vernichtet" werden dürften. Jene, die Scientology kritisieren – Journalisten, Ärzte, Anwälte und selbst Richter – finden sich häufig verwickelt in Rechtsstreitigkeiten, sie werden von Privatermittlern belästigt, erfundener Vergehen wegen angezeigt, verprügelt oder erhalten Todesdrohungen* (Behar, 1991). *Die Scientology-Kirche ist nicht bekannt für etwaige Bereitschaft, Kritik anzunehmen ohne zurückzuschlagen. Tatsächlich dürfte ihr Rekord angestrengter Gerichtsverfahren in der modernen Welt ohne Parallele sein* (Wallis, 1976). *Hubbard selbst erklärte in einer Art, als beschwöre er einen Voodoo-Fluch herauf, dass jedermann, der unbesonnen genug sei, etwas gegen Scientology zu unternehmen, sich garantiert eine unheilbare Geisteskrankheit einhandle, gefolgt von schmerzhaftem Tod* (Vosper, 1997).

Paul G. Breckenridge, Richter am Obersten Gerichtshof in Los Angeles, teilte Mitte der 1980er seine verstörenden Eindrücke von der Gruppierung mit: *Die Scientology-Organisation ist eindeutig schizophren und paranoid, eine bizarre Kombination, die offenkundig ihren Begründer widerspiegelt. Die Beweisaufnahme zeigt einen Mann (Hubbard), der sich mit Blick auf seine Lebensgeschichte, seinen Hintergrund und seine Leistungen als nachgerade krankhafter Lügner darstellt. Die Schriftstücke und Dokumente der Beweisauf-*

nahme zeigen seinen Egoismus, seine Raffgier, Habsucht und Machtbesessenheit, auch seine Rachsucht und Aggressivität Personen gegenüber, die er als illoyal oder feindselig empfand (Miller, 1987). In einem Urteil des Obersten Gerichtshofes in London aus dem Jahr 1984 heißt es: *Scientology ist gleichermaßen unmoralisch wie sozial anstößig, korrupt, unheilvoll und gefährlich* (in Atack, 1990). Als religiöse Fanatiker übertreffen Scientologen alle religiösen Fanatiker, die es vor ihnen gab (Vosper, 1997).

In einer Untersuchung von achtundvierzig US-Kultgruppierungen konnten die Sozialwissenschaftler Conway und Siegelman zeigen, dass vormalige Scientologen die höchste Rate an Ausbrüchen gewalttätigen Verhaltens, an Halluzinationen, sexuellen Dysfunktionen und suizidalen Tendenzen aufwiesen. Sie schätzten, dass eine vollständige Genesung von Scientology im Durchschnitt zwölfeinhalb Jahre beansprucht (Atack, 1992).

Hubbard starb Mitte der 1980er.[45] Gegen Ende seines Lebens war er ein eher unzufriedener Mann geworden, der ein unbefriedigendes Leben in „Howard-Hughes-Manier" führte.[46] Immer wieder wähnte er, seine Köche wollten ihn vergiften; auch verlangte er, dass seine getragene Wäsche dreizehnmal in dreizehn verschiedenen Eimern klaren Quellwassers gewaschen würde, bevor er sie wieder anzog. *Der Psychiater Frank Gerbode, selbst lange Jahre Scientology-Anhänger,*

45 Laut scientologischer Geschichtsschreibung „schied L. Ron Hubbard am 24. Januar 1986 aus diesem Leben"; es kursieren allerdings auch andere Sterbedaten.

46 Der US-Luftfahrtpionier und Multimilliardär Howard Hughes (1905-1976) nahm in seinen letzten Lebensjahren immer seltsamere Persönlichkeitszüge an: Aufgrund paranoider Angst vor Bakterien zog er sich komplett aus der Öffentlichkeit zurück.

meint, Hubbard sei nicht schizophren gewesen, son
manisch mit paranoiden Tendenzen. Die beste Bes
sei gleichwohl die Laiendiagnose „verrückt“ (Atack, 19

XV. Werners Unschärfeprinzip

est / Landmark

Werner Erhard (*1935) wurde als John Paul Rosenberg geboren. Seinen neuen Namen legte er sich während eines Überlandfluges zu als Kombination zweier Namen, die er in einem Flugreisemagazin entdeckte: des Quantenphysikers Werner Heisenberg, der das Heisenbergsche Unschärfeprinzip formuliert hatte, und des seinerzeitigen bundesdeutschen Wirtschaftsministers Ludwig Erhard.

Erhards „est"-Training [bekannt auch als FORUM oder *Landmark Education*] hatte seine Wurzeln in zahlreichen, durchwegs wohlbekannten Therapieformen und Disziplinen. In der Tat, so ein Artikel von 1975 in *Psychology Today*, fanden sich Spuren von Zen-Buddhismus, der Lehre von Scientology (der Erhard vormals anhing), dem Positiven Denken von Dale Carnegie und der Gestalttherapie im Kern des „est" [= erhard seminars training]: *Was das Training mehr als alles andere ausmacht, ist die Anwendung klassischer Techniken der Indoktrination und mentalen Konditionierung, die Pawlow selbst zur Ehre gereichet hätte* (Brewer, 1975).

Die relativ geringe Konzentration „spiritueller" Anteile in seiner Lehre hielt den früheren Gebrauchtwagenverkäufer Erhard nicht davon ab, über seine eigene führende Stellung im Kosmos zu räsonieren: *Woher soll ich wissen, dass ich nicht die Wiedergeburt Jesu Christi bin?* (Pressman, 1993)

Bei anderer Gelegenheit stellte Sektenführer Jim Jones[47] sich die gleiche Frage und kam zu dem Ergebnis, er sei exakt diese Wiedergeburt (Layton, 1998); später wollte er dann die von Wladimir Iljitsch Lenin gewesen sein. Auch der Möchtegern-Rockstar und mutmaßliche Pädokriminelle David Koresh[48], berüchtigt durch seine *Davidianer*-Sekte von Waco in Texas, hielt sich für Jesus Christus (England und McCormick, 1993); desgleichen Marshall Applewhite[49] von der UFO-Sekte *Heaven's Gate* (Lalich, 2004).

Man kann aber immer nach noch Höherem streben. Im Herbst 1977 soll bei einem Treffen von est-Seminarleitern in Monterey einer der Teilnehmer aufgestanden sein und Erhard weihevoll angesprochen haben: *„Die Frage im Raume, die niemand stellt, ist die: Bist du der Messias?" Im Raum wurde es still, als Erhard in die erwartungsfrohen Gesichter seiner treuest ergebenen Anhänger blickte. Nach ein paar*

---

47 Jim Jones (1931-1978) war Gründer und Anführer des Sektenkults *Peoples Temple.* Seine Lehre, basierend auf der US-Pfingstbewegung, war mit Elementen aus den Schriften von Stalin, Hitler, Gandhi, Martin Luther King und Fidel Castro angereichert. 1978 kam er, zusammen mit etwa 900 seiner Anhänger, im Sektenhauptquartier Jonestown im Urwald von Guyana durch kollektiven Selbstmord zu Tode.

48 David Koresh (eigentlich Vernon W. Howell, 1959-1993) war Anführer der *Branch Davidians*, einer endzeitlichen Abspaltung der *Sieben-Tage-Adventisten* in den USA. Im Zuge 51-tägiger Belagerung und letztlich der Erstürmung des Sektenhauptquartiers nahe Waco, Texas, durch das FBI im Jahre 1993 kamen 82 Sektenmitglieder, einschließlich Koresh selbst, zu Tode.

49 Marshall Applewhite (1931-1997) war Begründer und Anführer eines UFO-gläubigen Sektenkults namens *Heaven's Gate.* Während des Erscheinens des Kometen Hale-Bopp im Jahre 1997 nahmen sich 38 Sektenmitglieder, einschließlich Applewhite selbst, das Leben: sie waren überzeugt, ihre Seelen würden zu einem Raumschiff aufsteigen, das hinter dem Kometen auf sie wartete.

Momenten antwortete er: „Nein, ich bin der, der ihn gesandt hat (also Gott)" (Pressman, 1993).

Wie der Direktor des New Yorker Lincoln Institute for Psychotherapy im Jahre 1978 mitteilte, „zeigen die meisten est-indoktrinierten Menschen, die ich in unserer Klinik zu Gesicht bekam – und sie kommen nach est-Trainings in beträchtlicher Anzahl – moderat schlimme bis haarsträubende Reaktionen: Sie sind desorientiert und verwirrt, und dieselben Muster – Hochgefühl versus Depression, Gefühle von Allmacht versus Gefühle von Hilflosigkeit – wiederholen sich immer und immer wieder." Im März 1977 beschrieb das American Journal of Psychiatry fünf Patienten, die dem Vernehmen nach psychotische Symptome, einschließlich Paranoia, unkontrollierbarer Stimmungsschwankungen und Wahnvorstellungen im Gefolge eines est-Trainings entwickelt hatten (Pressman, 1993).

Erhards Privatleben dürfte ebenfalls tragische Wendungen genommen haben. Seine Tochter Deborah gab an, er habe *eine seiner älteren Töchter zum Geschlechtsverkehr genötigt* (Pressman, 1993). Erhard selbst stritt alle Vorwürfe eines Missbrauchs ab. In einem später veröffentlichten Buch mit dem Titel *60 Minutes and the Assasination of Werner Erhard*[50] werden seine Töchter zitiert: sie hätten ihre vormaligen Anschuldigungen gegen ihn wegen ungebührlichen Verhaltens zurückgenommen; sie hätten diese Anschuldigungen nur unter Zwang erhoben gehabt.[51]

50 Self, J.: 60 Minutes and the Assassination of Werner Erhard: How America's Top Rated Television Show Was Used in an Attempt to Destroy a Man Who Was Making A Difference. *Breakthru Publishing*, Houston 1992.

51 Im Gefolge der Kritik an seiner Person verkaufte Erhard sein Imperium (das in Landmark Education umbenannt wurde) und zog sich weitgehend aus der Öffentlichkeit zurück.

XVI. Kakerlakenyoga

Yogi Bhajan

Yogi Bhajan [eigentlich Harbhajan Singh Puri, 1929-2004] war der sikhistische[52] Begründer des sogenannten „3HO", der in den USA als gemeinnützig anerkannten *Healthy, Happy, Holy Organisation* mit Hauptsitz in Los Angeles.

Geboren im nordinischen Bundesstaat Punjab arbeitete Bhajan als Sachbearbeiter beim Zoll in New Delhi, bevor er, 39-jährig, zusammen mit seiner Ehefrau im Jahre 1968 in die USA auswanderte, um dort Kundalini[53] sowie „Weißen Tantrischen Yoga" zu lehren. *„Weißes Tantra" wird angewendet, das „Dasein zu reinigen und emporzuheben", während „Schwarzes Tantra" zur „mentalen Kontrolle anderer" eingesetzt wird; „Rotes Tantra" dient der Steigerung „sexueller Energie und Empfindung"* (S. Khalsa, 1996).

---

52 Sikhismus ist eine im 15. Jahrhundert u.Z. durch den Wanderprediger Guru Nanak begründete monotheistische Religionslehre, die sich, verbreitet vor allem in Nordindien, vom Ritualismus buddhistischer, hinduistischer und islamischer Lehren distanziert; sie weist einige sozialreformerische Aspekte auf.

53 Laut tantrischer Lehre wohne jedem Menschen eine schlafende Kraft, Kundalini genannt, inne. Durch yogische Praktiken könne diese erweckt werden, was zur Freisetzung kosmisch-spiritueller Fähigkeiten (= Erleuchtung) führe.

Yogi Bhajan ist einzigartig unter den spirituellen Lehrern, weil er zugleich der „Großmeister des Tantra" dieses Zeitalters ist. Das bedeutet, er ist der weltweit einzige lebende Meister des „Weißen Tantra Yoga", da es zu jeder Zeit jeweils nur einen Meister auf dem Planeten geben kann. Er ist ein Weltenlehrer, ein ganz besonderes Instrument, das Gott ernannt und gesalbt hat, um Millionen schlafender Seelen auf diesem Planeten zu erwecken (S. Khalsa, 1996).

1980 behauptete Bhajan, weltweit 250.000 Anhänger zu haben, einschließlich rund 2.500, die in seinen Ashrams [= Meditationszentren] lebten. Er selbst residierte in einer herrschaftlichen Villa in Los Angeles.

Als Meister und Yogi sieht Yogi Bhajan Frauen und Männer von einem kosmischen Standpunkt. Er vergisst nie, dass wir in erster Linie Seelen sind, die in den zwei unterschiedlichen Formen ihr Karma abtragen und ihre Lernaufgaben erfüllen. Wie er sagt: „Ich glaube, dass es keinen Frieden auf Erden geben kann, solange diejenigen, die aus einer Frau geboren wurden, Frauen nicht respektieren" (S. Khalsa, 1996). Die besondere Art von „Respekt", die Frauen in Bhajans Gemeinschaft entgegengebracht wurde, dürfte allerdings dem erleuchteten Ideal nicht so ganz entsprochen haben, wie eine ehemalige Anhängerin darlegte: *Als ich in den 1970ern in den Ashram in Philadelphia einzog, wurde mir ein kleines pinkfarbenes Büchlein überreicht mit dem Titel „Fascinating Womanhood"* [= Faszinierendes Frausein], *ein Ehe-Handbuch aus Sicht der Frau: das weltanschauliche Gegenteil von Feminismus, komplett dem Glauben verpflichtet, die spirituelle Erfüllung einer Frau sei nur zu erreichen durch bedingungslose Dienerschaft und Gehorsam dem Mann gegenüber* (S.Khalsa, 1996).

In einer Vortragsreihe mit dem Titel „Von Mann zu Mann" erklärte Yogi Bhajans seinen männlichen Anhängern die „Natur der Frau“: „An einem Tag sind sie recht helle und charmant, nach ein paar Tagen aber absolut dumm und unkommunikativ. Das wird als ‘normale weibliche Launenhaftigkeit’ bezeichnet. Und weil Frauen so wechselhaft sind, „brauchen sie beständige soziale Sicherheit und beständige Führung. Wenn ihr sie nicht führt, sind sie nicht zufrieden“ (Naman, 1980). *Colleen Hoskins, die sieben Monate in Bhajans Residenz gearbeitet hatte, berichtet, Männer seien dort nur selten zu sehen gewesen. Er* [= Bhajan] *wurde von einer Kamarilla aus bis zu vierzehn Frauen bedient: einige davon betreuten seine Bäder, andere gaben ihm Massagen und wechselten sich dabei ab, die Nacht mit ihm in seinen Gemächern zu verbringen, während seine Ehefrau woanders schlief* (Time, 1977).

Die richtige Haltung dem Guru gegenüber erklärte Bhajan folgendermaßen:
Frage: Ist alles, was der Guru sagt, rechtschaffen?
Antwort: Sonst wäre er kein Guru.
Frage: Ist es also rechtschaffen, im Auftrag des Gurus zu stehlen?
Antwort: Möglicherweise ist es nur eine Prüfung, die der Guru vornimmt, wer weiß. (Bhajan, 1977).

Konsequenterweise verdiente der Yogi *Geld über Geschäfte, die seine Schüler für ihn betrieben. Gleichwohl wurde er selbst wegen „arglistiger Täuschung, Betrugs, Tätlichkeit und Körperverletzung“ angeklagt. Er entschied sich zu außergerichtlicher Regelung.* Sein Kommentar: *Die Kritiker verschonten Jesus Christus nicht, sie verschonten Buddha nicht und sie verschonen mich nicht* (in Naman, 1980).

Seine Schüler warnte er: Wer als Kundalini-Yoga-Praktiker *das in ihn gelegte heilige Vertrauen bricht, wird als Kakerlake wiedergeboren!* (S. Khalsa, 1996).

Cockroach Yoga.

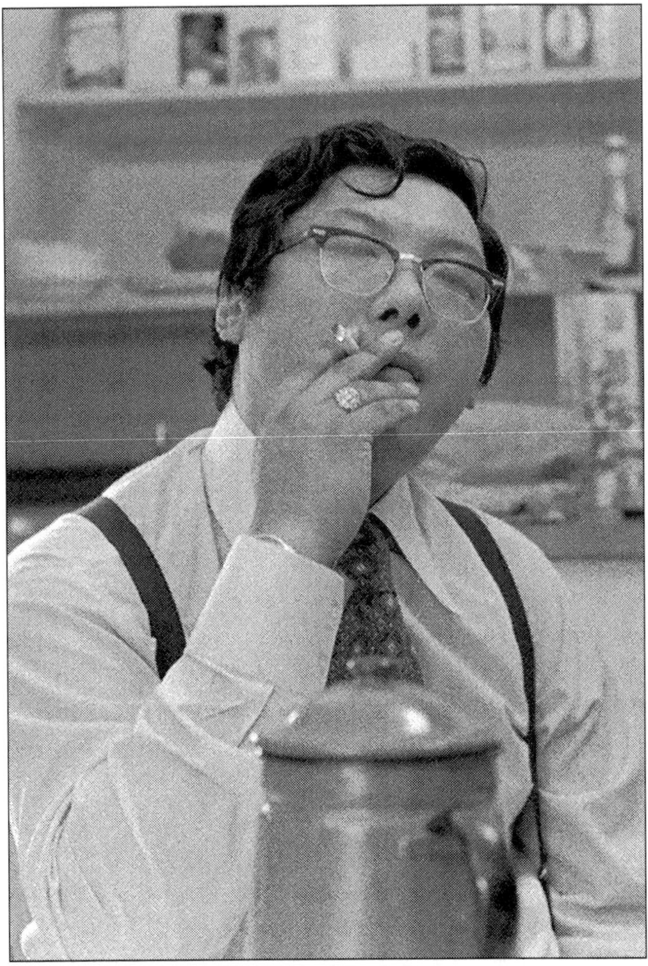

XVII. Verrückte Weisheit

Chögyam Trungpa

Chögyam Trungpa wurde 1939 geboren. *In der Nacht meiner Empfängnis hatte meine Mutter einen sehr bedeutsamen Traum, nämlich dass mit einem Blitzstrahl ein Wesen in ihren Körper eingetreten sei; und dass zu aller Überraschung die Blumen in der Nachbarschaft blühten, obwohl noch Winter war. Ich wurde in einem Kuhstall geboren, die Geburt war leicht. An diesem Tag war im Dorf ein Regenbogen zu sehen, und ein Eimer, in dem eigentlich Wasser sein sollte, war unerklärlicherweise voll Milch* (Trungpa, 1977).

Als elfte Wiedergeburt des Trungpa Tulku wurde Chögyam von Kindheit an darauf hinerzogen, Großabt der Klöster von Surmang in Ost-Tibet zu sein. In Trungpas Traditionslinie ist ein „Tulku" jemand, der sich „mit intakten Erinnerungen und Erfahrungen seiner vorhergehenden Leben reinkarniert" (Butterfield, 1994). Nachdem er in Tibet als Erbe der Überlieferungslinien Milarepas[54] und Padmasambhavas[55] inthro-

54 Jetsün Milarepa (1040-1123) war tantrischer Yogi und wird als Begründer der Kagyü-Sekte des tibetischen Buddhismus angesehen.

55 Padmasambhava (auch Guru Rinpoche genannt) gilt als legendärer Begründer des Buddhismus in Tibet; er soll im 8./9. Jahrhundert u.Z. gelebt haben.

nisiert worden war, machte er sich auf der Flucht vor der chinesisch-kommunistischen Übernahme des Landes im Jahre 1959 in Richtung Indien davon. Dort diente er auf Geheiß des Dalai Lama bis 1963 als spiritueller Berater der *Young Lamas Home School* im nordindischen Dalhousie (Shambhala, 2003).

Von Indien aus ging Trungpa nach England, um an der Universität Oxford Vergleichende Religionswissenschaften und Psychologie zu studieren. Ziemliche Aufregung verursachten seine Konflikte mit einem anderen Tulku namens Akong, der Anspruch darauf erhob, der gleichen Überlieferungslinie vorzustehen wie Trungpa. *Zur Verblüffung eines kleinen Kreises örtlicher Helfer und zur großen Verlegenheit derer, die ihn nach England geschickt hatten* [= die tibetische „Exilregierung" des Dalai Lama], *verstrickten sich die beiden ehrenwerten Tulkus in hitzige Auseinandersetzungen und öffentlich gegeneinander geführte hasserfüllte Attacken* (Lehnert, 1998).

1969 hatte Trungpa einen tragischen Autounfall, der ihn halbseitig gelähmt zurückließ. Sein Wagen war in ein Scherzartikelgeschäft gerast (ernsthaft!). Trungpa war betrunken gewesen und am Steuer bewusstlos geworden (Das, 1997).

1974 gründete Trungpa in Boulder, Colorado, das sogenannte *Naropa-Institute*, die erste tantrische Universität in den USA. Unter den Lehrern und Gastdozenten des Instituts fanden sich der Psychiater Ronald D. Laing, der Sozialwissenschaftler Gregory Bateson, der Bewusstseinsforscher Ram Dass und Beat-Poet Allen Ginsberg. Der kalifornische Musiker Bhagavan Das [= Kermit M. Riggs], der in den 1970ern drei Monate lang indische Musik am *Naropa-Institute* unterrichtete, erzählt von seinen eher lebhaften Widerfahrnissen dort: *Die Party-Energie rund um Trungpa war unwiderstehlich. Naropa war tatsächlich nichts anderes als eine riesige Party mit der Energie eines Bohrlochausbruches. Vierundzwanzig Stunden am Tag... Ich war in einem sehr abgedrehten Zustand und fühlte mich sehr verloren. Eines Tages, nachdem ich Sex mit drei verschiedenen Frauen gehabt hatte, konnte ich nicht mehr aufstehen. Ich war psychisch traumatisiert. Es war alles zu viel* (Das, 1997).

Die Praxis Trungpas der sogenannten „Verrückten Weisheit"[56] basiert auf folgender Überlegung: *Wenn ein Bodhisattva*[57] *vollkommen selbstlos ist, eine vollkommen offene Person, wird er entsprechend dieser Offenheit agieren und wird sich insofern an keine Regeln mehr halten; er wird einfach ein bestimmtes Verhaltensmuster zeigen. Es ist unmöglich, dass ein Bodhisattva anderen Schaden zufügt oder sie vernichtet, da er transzendente Großzügigkeit verkörpert. Er hat sich selbst vollkommen geöffnet und unterscheidet deshalb nicht zwischen diesem und jenem. Er verhält sich einfach in Einklang mit dem, was ist. Sein Geist ist so präzise, so akkurat, dass er niemals einen Fehler macht. Es begegnen ihm nie unerwartete Probleme, er verursacht niemals Chaos destruktiver Art* (Trungpa, 1973). *Sobald du eine Übertragung erhalten und das Guru-Schüler-Bündnis des Samaya geschlossen*

56 Chögyam Trungpa bezeichnete seine „Lehre" als „crazy wisdom" (= verrückte Weisheit), bezugnehmend auf das gleichnamige buddhistische Konzept (Vajrayana, Tantra, Zen u.a.), demzufolge spirituelle Meister sich oftmals ganz bewusst in unspirituell erscheinender Weise verhalten, gelegentlich haarsträubend verrückt, als Methode, das Bewusstsein ihrer Schüler oder Anhänger zu erweitern.

57 Ein Bodhisattva ist nach tibetisch-buddhistischer Lehre ein erleuchteter Meister, der, anstatt sich ins Nirvana aufzulösen, aus grenzenlosem Mitgefühl erneut inkarniert, um allen anderen Wesen zu helfen, sich aus dem leidvollen Kreislauf der Reinkarnationen zu befreien. Chögyam Trungpa kam sich selbst als Bodhisattva vor.

hast, hast du dich dem Guru als Schüler verpflichtet; von da an kann der Guru nichts Falsches mehr machen, egal worum es geht. Folgerichtig kannst auch du, wenn du dem Guru in allen Dingen folgst, nichts Falsches mehr machen (Butterfield, 1994). *Das tantrische Samaya-Bündnis zu brechen (d.h. den Guru zu verlassen) ist wesentlich gefährlicher als das Brechen jeden anderen Gelübdes. Es ist gleichbedeutend mit dem Herausfallen aus einem Flugzeug im Vergleich zum Herabfallen von einem Pferd* (Tulku Thondup, in Panchen und Wangyi, 1996).

Trungpas Gesundheitszustand verschlechterte sich. Er verbrachte die letzten eineinhalb Jahre in einem semikomatösen Zustand, in dem er mehrfach nahe am Tod vorbeischrammte. Letztlich erlag er, erst 48 Jahre alt, einem Herzanfall [zurückzuführen vermutlich auf seinen schweren Alkoholmissbrauch] (Schumacher, 1992). *Bevor er starb, hatte er einen US-amerikanischen Gefolgsmann namens Thomas Rich, bekannt als Ösel Tendzin, zu seinem Nachfolger bestimmt. Rich, ein verheirateter Vater von vier Kindern, starb 1990 an AIDS. Bei seinem Tod waren die Zeitungen voller Berichte, er habe ungeschützten Sex mit mehr als hundert männlichen und weiblichen Schülern gehabt, ohne ihnen von seiner Krankheit zu sagen* (Horgan, 2003a). *Im Zuge eindringlicher Befragung seitens seiner Schüler gab er an, Trungpa habe ihn in den frühen 1980ern aufgefordert, sich auf HIV testen zu lassen und ihn angewiesen, das positive Testergebnis zu verschweigen. Er, Tendzin, habe Trungpa gefragt, was er denn machen solle, wenn Schüler Sex mit ihm haben wollten, woraufhin dieser geantwortet habe, dass das alles keine Rolle spiele, solange die Schüler ihre buddhistischen Reinigungspraktiken durchführten, da die Krankheit sich dann nicht auf sie übertrage. In Kurzfom bestand Tendzins Ant-*

wort darin, dass er nur den Anweisungen seinen Gurus gefolgt sei (Butterfield, 1994).

Selbstredend kann man, trotz alledem, Trungpa immer noch Respekt entgegenbringen dafür, dass er sein „Saufen und Herumhuren“ (in Downing, 2001) so offen und unverblümt gelebt hat, anstatt seine Gelüste heuchlerisch zu verbergen, wie so viele andere Guru-Figuren das getan haben und tun. Dieser magere Überrest an Ansehen verblasst freilich vollends im Vergleich dazu, was man billigerweise als Vermächtnis einer „Inkarnation des Maitreya Bodhisattva“ [= künftiger Buddha] hätte erwarten dürfen. In der Tat: Legt man das Kriterium der Nicht-Heuchelei an, könnte man ebenso gut auch einem durchschnittlichen Pornoheftchen-Sammler Bewunderung zollen.

Bis heute wird Trungpa weithin als „einer der vier wichtigsten Verbreiter östlicher Spiritualität im Westen des 20. Jahrhunderts“ angesehen, zusammen mit Ram Dass, Daisetz T. Suzuki und Allan Watts (Oldmeadow, 2004). Andere, wie etwa der buddhistische Gelehrte Kenneth Rexroth, haben gleichwohl eine weniger schmeichelhafte Sicht: „Chögyam Trungpa hat zweifelsohne dem Buddhismus in den USA mehr Schaden zugefügt als irgendjemand anderer“ (in Miles, 1989).

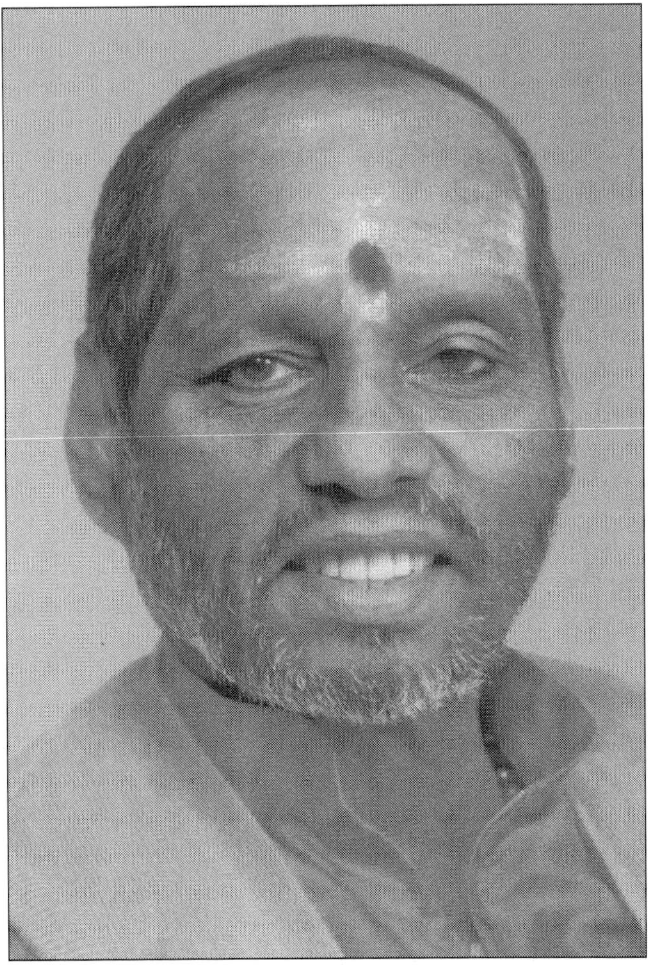

XVIII. Sechzig Minuten

Swami Muktananda

Warum gibt es falsche Gurus? Es ist unsere eigene Schuld. Wir wählen unsere Gurus genauso wie wir unsere Politiker wählen. Der Markt falscher Gurus wächst, weil der Markt falscher Schüler wächst. Aufgrund seiner blinden Selbstsüchtigkeit erstickt der falsche Guru andere Menschen, und aufgrund seiner eigenen blinden Selbstsüchtigkeit und seines falschen Verständnisses läuft der Schüler in die Falle. Ein wahrer Schüler wird niemals in die Falle eines falschen Gurus laufen (Muktananda, 1981).

Geboren im Jahre 1908 im südindischen Mangalore war Swami Muktananda (gest. 1982), ebenso wie Neem Karoli Baba, Schüler des respektierten Bhagawan Nityananda; er traf diesen erstmalig im Jahre 1947. Nicht zufällig war es der LSD- und Bewusstseinsforscher Ram Dass [= Richard Alpert], der Muktananda Anfang der 1970er in den USA bekannt machte. Im Bestreben, seine Weltmission der Verbreitung des Kundalini-Yoga[58] voranzutreiben, gründete Muktananda im Jahre 1974 die SYDA (*Siddha Yoga Dham*

58 Laut tantrischer Lehre wohnt jedem Menschen eine schlafende Energie inne, Kundalini genannt, die durch yogische Praktiken erweckt werden kann, was zur Freisetzung kosmisch-spiritueller Fähigkeiten (= Erleuchtung) führt.

Associates-Foundation) mit Hauptquartier in South Fallsburg im Bundesstaat New York.

Wer immer spirituelle Vollkommenheit erlangt hat, hat diese durch seinen Guru erlangt. Der Guru gewährt ein Leben voll Gnade, von völliger Freiheit und Selbstbfreiung. Die Gunst des Gurus ist absolut notwendig für bleibende Verwirklichung. Ohne Guru ist der Mensch unglücklich, mit Guru ist er voll von Freude. Also gebe dich dem Guru vollständig hin (Muktananda, 1978). *Der Guru sollte jede Tugend besitzen... Er kann kein wahrer Guru sein, wenn er sinnenfreudigen Vergnügen frönt... Ohne Guru ist es unmöglich, die Wahrheit zu verstehen* (Muktananda, 1999).

Muktanandas besondere Sicht auf Partnerbeziehungen nahm folgende Form an: *Muktananda wies seine Anhänger an, sich sexueller Aktivitäten zu enthalten: „Zur Meditation", wie er kundtat, „braucht ihr die Vitalkraft des Samens. Deshalb bestehe ich auf totaler Enthaltsamkeit, solange ihr euch im Ashram* [= Meditationszentrum] *aufhaltet"* (Harris, 1994). Allerdings galten diese Regeln offenbar nur dem Wohle der Schüler, nicht dem des Gurus, der ihrer nicht mehr bedurfte: *In seinem indischen Ashram von Ganeshpuri* [etwas nördlich von Bombay] *hatte er einen „Geheimgang von seinem Haus in den Schlafsaal der jungen Mädchen. Jedes Mädchen, auf das er ein Auge geworfen hatte, ließ er in diesen Schlafsaal verlegen. Die ganze Nacht über gingen Mädchen in seinem Schlafgemach ein und aus"* (Rae, 1991). Eine dieser jungen Frauen gab an, im Frühjahr 1978 von dem Guru vergewaltigt worden zu sein: *Muktananda habe eine volle Stunde mit ihr erzwungenen Geschlechtsverkehr ausgeübt, so ihre Aussage, und sei ungeheuer stolz auf diesen Umstand gewesen: „Volle sechzig Minuten!", habe er ständig wiederholt* (Rodamor, 1983).

So tolerant der vorgeblich zölibatär lebende Guru hinsichtlich seiner eigenen Sex-Aktivitäten war, so intolerant war er anderweitig: *„Ein Guru würde niemals mit einem Homosexuellen etwas zu tun haben wollen",* teilte er in einem Rundschreiben mit. *„Homosexuelle werden als Eunuchen angesehen – ekelerregend, unrein und unheilbringend"* (Chew, 1998).

„Wenn Shiva [= führende Hindu-Gottheit] *verärgert ist, kann der Guru dich beschützen, aber wenn der Guru verärgert ist, kann dich niemand retten"* (Muktananda, 1999). Zum Unglück seiner Schüler hatte Muktananda ein „sehr aufbrausendes Temperament", wie ein früherer Adept berichtet, „er brüllte und schrie einen zusammen ohne ersichtlichen Grund". Oftmals habe er seine Schüler auch geschlagen (in Rodarmor, 1983).

Von Muktanandas eigenem Guru, dem weisen Nityananda (um 1897-1960) ist das Folgende überliefert: *Er wurde bereits als Siddha, als „Vollkommenes Wesen" geboren und verbrachte sein gesamtes Leben im höchsten Bewusstseinszustand* (Muktananda, 1999). *Er war allwissend, gleichwohl aber erschien er so, als wisse er kaum etwas. Er sprach nur ab und zu, man konnte ihn aber nicht verstehen* (Muktananda, 1996). *Manchmal konnte man ihn sehen, wie er mitten auf der Straße stand und versuchte, Kuhfladen aufzufangen, bevor sie vom Darmausgang der Kuh auf den Boden fielen.*[59] *Er schmierte sich die Kuhfladen auf den Kopf, pfiff wie eine Dampflok und hüpfte davon, wie kleine Kinder dies oftmals tun* (Hatengdi, 1984).[60]

Tschu tschu! Nächste Haltestelle Klapsmühle.

---

59 In Indien laufen bis heute Kühe, von Hindus als „heilig" angesehen, auf den Straßen herum.

60 Nityananda soll die Kuhfladen auch verzehrt haben.

XIX. The Mango Kid[61]

Bhagwan Shree Rajneesh

Bhagwan Shree Rajneesh, geboren 1931, hatte eigenen Angaben zufolge sein erstes Satori [= Erleuchtungserlebnis] im Alter von vierzehn Jahren. Bevor er sich aufmachte, die Welt zu missionieren – was ihm letztlich seinen Platz als einer der berüchtigtsten Gurus weltweit sichern sollte –, war er in den ausgehenden 1950er und frühen 1960er Jahren als Philosophieprofessor an der zentralindischen Jabalpur University tätig. 1974 gründete er seinen ersten Ashram [= Meditationszentrum] in Poona, südöstlich von Bombay.[62]

---

61 Die aus dem Original übernommene Kapitelüberschrift nimmt Bezug auf die Auskoppelung „Mango Kid" des selbsternannten „Sexplosive Fuck-Rocker" Danko Jones aus dessen Album *I'm Alive And On Fire* von 1999. Jones teilt auf seiner Homepage mit, er habe bei seinen Konzerten „im Alleingang den Schwanz in die Rockmusik zurückgebracht (... *single-handedly bringing the cock back into the rock*). Er gilt als rechtslastiger Sexist.

62 Bereits 1962 hatte Rajneesh unter der Bezeichnung „Jivan Jagruti Kendras" (= Lebenserweckungszentrum) ein erstes Meditationszentrum in Bombay betrieben.

Rajneeshs Schüler folgten einer Lehre, die buddhistische „crazy wisdom“ Handlungen des Meisters,[63] tantrische Sex-Praktiken und konfrontative Gruppentherapiearbeit nach dem Vorbild des westlichen *Human Potential Movement*[64] miteinander kombinierte; letztere war dem Vernehmen nach oftmals gewalttätig (bis hin zu Knochenbrüchen).

Bekannt als „Sex-Guru“ hatte Rajneesh selbstredend mit einer Auslese seiner weiblichen Schüler Sex, insbesondere während so genannter „special darshans“,[65] die er in den Gründerjahren der Bewegung abhielt. Vivek, eine der frühesten und dem Meister am nächsten stehenden Schülerinnen, soll die Reinkarnation von Maria Magdalena gewesen sein[66] (Milne, 1986). *Gelegentlich forderte Bhagwan attraktive Frauen auch auf, sich vor ihm auszuziehen und sich nackend hinzulegen, während er gespannt zusah. Dann, nachdem er sich befriedigt hatte, forderte er sie auf, sich wieder anzuziehen. Er forderte auch Paare auf, vor seinen Augen*

63 Buddhistischer Vorstellung zufolge verhalten Vajrayana-, Tantra- oder Zen-Meister sich oftmals ganz bewusst in „unspirituell“ erscheinender Weise, um das Bewusstsein ihrer Schüler oder Anhänger zu erweitern; dieses Konzept wird als „crazy wisdom“ (= verrückte Weisheit) bezeichnet.

64 Das „Human Potential Movement“ (= Bewegung für das menschliche Potential) entwickelte sich aus den sozialen und intellektuellen Umwälzungen der 1960er Jahre. Durch die Lösung emotionaler und kreativer Begrenzungen auf dem Wege neuer Therapieansätze (Gestalttherapie, Bioenergetische Körpertherapie, Psychodrama u.a.) sollte die volle Entfaltung des menschlichen Potentials vorangetrieben werden.

65 In der Hindu-Tradition bedeutet Darshan die persönliche Begegnung zwischen Schüler und Guru (bzw. zwischen Gläubigem und Gott).

66 Die Engländerin Ma Yoga Vivek (= Christine Wolff, *1948) nahm sich kurz vor dem Tod Rajneeshs im Jahr 1990 selbst das Leben. Gerüchteweise sollte sie aus dem engsten Kreis um Rajneesh verbannt werden. (Laut Legende war Maria Magdalena die Geliebte Jesu.)

miteinander Sex zu haben: ein definitiver Fall von Voyeurismus. In den späteren Jahren Poonas wurden viele Sex-Experimente durchgeführt. Um ihre Rattenphobie zu überwinden, riet Bhagwan einer Frau, sie solle Oralsex betreiben.In einer Tantra-Sitzung hatten die männlichen Teilnehmer eine zwischen den Beinen ihrer Partnerinnen steckende reife Mangofrucht herauszulutschen. Mangos waren bei allen sehr beliebt (Milne, 1986). Inmitten all dieses Treibens wurde den Männern im Ashram „angeraten", sich sterilisieren zu lassen; jeder vierte entsprach diesem „Rat".

Im Jahre 1976 tat Rajneesh kund, er werde zwölf weibliche „Medien" für die allabendlich veranstalteten, nichtöffentlichen „energy darshans" auswählen. Der Zweck des Ganzen lag angeblich darin, über diese „Medien" seine Energie sowohl seiner Anhängerschaft zu übertragen als auch in die Welt hinauszusenden. Hinsichtlich der Eigenschaften, die er bei seinen „Medien" voraussetzte, erklärte er: *Nur Frauen mit großen Brüsten sollten sich Hoffnung auf diese Ehre machen: „Ich habe mich viele Leben lang mit kleinbrüstigen Frauen herumgequält, in diesem Leben werde ich mir das nicht mehr antun!"* (Milne, 1986). Berichten zufolge wurden die „Medien" angewiesen, während des abendlichen „energy darshans" keine Unterwäsche zu tragen: *Rajneesh hatte gesagt, Unterwäsche würde die Übertragung von Energie beeinträchtigen* (Gordon, 1987). *Vormalige Medien gaben an, zur „Stimulation der unteren Chakren" und zur „Abstimmung der Energien" sexuellen Kontakt mit Bhagwan gehabt zu haben (*Palmer und Sharma, 1993): *„Er fingerte in meinem Intimbereich herum, stimulierte mich: es war, als würde er meinen Körper unter Strom setzen"* (in Gordon, 1987).

Es gab in Poona nur wenige legale Möglichkeiten für Anhänger aus dem Westen, Geld (für weiteren Aufenthalt im Ashram) zu verdienen; über kurz oder lang wandten viele der

Mädchen sich der Prostitution zu. Die andere vornehmlich betriebene Möglichkeit in jenen Tagen, Geld zu verdienen, lag im Aufbau eines Drogenhandels (Milne, 1986). Aus den gleichen finanziellen Gründen gab es *unter den Stripperinnen der Rotlichtviertel von Soho in London bis North Beach in San Francisco eine große Zahl von Sannyasins* (Strelley, 1987). In Rajneeshs Sprachgebrauch waren Sannyasins schlichtweg von ihm initiierte Schüler, keineswegs ordinierte Mönche entsprechend dem Gebrauch des Begriffes in anderen Hindu-Traditionen.

Ab den ausgehenden 1970ern schon begann Rajneeshs „Wegenetz zu spiritueller Erleuchtung" vorhersehbare Nebenwirkungen zu zeitigen: *Der gewagteste bekannt gewordene Schmuggelversuch wurde 1979 unternommen, als fünfzig Kilogramm Marihuana in Karosserie und Innenraum eines in Hippieaufmachung gestylten Reisebusses versteckt wurden, der von Poona nach Europa fuhr. Etwa zwanzig Sannyasins hatten in das Geschäft investiert, weitere zwanzig hatten an dem Bus gearbeitet. Die Schmuggelware wurde allerdings in Jugoslawien entdeckt, und drei Sannyasins verschwanden für ein Jahr im Gefängnis* (Mangalwadi, 1992). *Ein Sannyasin ermordete einen anderen, ein weiterer wurde mit Stichverletzungen tot aufgefunden* (Milne, 1996).

Mitten in diesen Schwierigkeiten, getrieben zudem von dem Wunsch, sein Arbeitsfeld zu erweitern und obendrein unbezahlten Einkommenssteuern in Höhe von 4 Millionen US-Dollars zu entgehen, verließ Rajneesh im Frühjahr 1981 sang- und klanglos Indien in Richtung USA. Ab da begannen die *richtigen* Probleme. Rajneesh ließ sich erst in New Jersey nieder; später kaufte er eine 26.000 Hektar große Ranch in Ost-Oregon und begründete dort einen neuen Ashram, *Rajneeshpuram* genannt. Er begann, sich die weltweit größte Sammlung an Rolls Royces zuzulegen – insgesamt dreiundneunzig. Ansonsten schwieg er. Seine fortschreitende Absonderung von der Ashram-Gemeinschaft in Verbindung mit seiner umfangreichen Rolls Royce-Kollektion manifestierte sich bald zu einem neuen Phänomen des „car-shan“ oder „drive-by-blessing“: die Getreuen reihten sich dabei entlang der Straße auf, um einen Blick auf „Seine Heiligkeit“ zu erhaschen auf deren täglichem Ausflug in die nächstgelegene Stadt. Derweilen vergnügten sich die privilegierten Ashram-Bewohner und Besucher aus anderen Rajneesh-Zentren und -Kommunen mit Ausritten, Rundflügen, Bootsfahrten, Schwimmen und River Rafting. *Um den Club-Med-Eindruck zu komplettieren, wurden Ende 1983 Diskos, Bars und Spieltische eingerichtet* (Palmer und Sharma, 1993).

Mit großem Trara und in vorgeblich großer Präzision prophezeite Rajneesh im März 1984, dass zwei Drittel der Menschheit im Jahr 2000 an der Krankheit AIDS gestorben sein würden (Palmer und Sharma, 1993). Diese durch nichts begründete Prophezeiung basierte auf Rajneeshs Interpretation eines Verses von Nostradamus.[67]

Befürchtungen, jemand von innerhalb des Oregon-Ashrams hege womöglich die Absicht, Rajneesh zu ermorden, machten die Runde. Der Bhagwan und seine „rechte Hand“ Ma

67 Die düsteren Vorhersagen des französischen Pestarztes und Astrologen Michel de Notredame (1503-1566) wurden in einer Mischung aus Altfranzösisch, Latein und eigenen Wortschöpfungen niedergeschrieben. Sie können grundsätzlich auf alles und jedes hin interpretiert werden, verlässliche Aussagen gibt es selbstverständlich nicht. – Rajneeshs Prophezeiung änderte das bis dahin promiskuöse und freizügige Sex-Leben der Sannyasins radikal. Hinfort mussten strengste Sicherheitsvorkehrungen beachtet werden: kein Sex ohne Kondom, Benutzung von Einmalhandschuhen, kein Austausch von Körperflüssigkeiten (etwa durch Küssen).

Anand Sheela begannen, monatlich 100.000 US-Dollars für die Installation von Überwachungsanlagen und Abhörwanzen in ganz Rajneeshpuram auszugeben (Milne, 1986).

Gleichermaßen richtete man die Aufmerksamkeit auf Angelegenheiten außerhalb des Ashrams: im selben Jahr versetzten Anhänger Rajneeshs *die Salatbuffets von zehn Restaurants der nahegelegenen Stadt The Dallas mit Salmonellen, woraufhin 750 Menschen erkrankten* (Flaccus, 2001). Das Ziel der Aktion war offenkundig, Wähler in größerer Anzahl außer Gefecht zu setzen, so dass Rajneesh-gesponserte Kandidaten bei den anstehenden Landkreiswahlen obsiegten. Im Gefolge des Testlaufes der Restaurantvergiftung war Berichten zufolge eine Verseuchung der örtlichen Trinkwasserversorgung geplant. Untersuchungen zur Ursache des Salmonellenausbruches enthüllten letztlich eine Verschwörung der Führungsriege um Rajneesh, den seinerzeitigen Generalstaatsanwalt des Bundesstaates Oregon, Charles Turner, umzubringen. Gleichwohl der Anschlag nie ausgeführt wurde, formierten einige von Rajneeshs loyalen Anhängern in der Hoffnung, die Untersuchungen von den sonstigen kriminellen Aktivitäten des Ashrams ablenken zu können, *im Jahre 1985 eine Art Schutzstaffel: Sie kauften Waffen, beobachteten Turners Wohnhaus und Auto und erörterten Wege, wie man ein Attentat auf ihn verüben könne* (Larabee, 2000).

Im Zuge all dessen wurde Rajneesh Ende 1985 wegen Verstoßes gegen die Einwanderungsbestimmungen des Landes verwiesen. Nachdem zwanzig Länder ihm die Einreiseerlaubnis verweigerten, kehrte er letztlich in seinen alten Ashram in Poona zurück. Der Ashram in Oregon wurde, kurz nachdem Rajneesh ihn verlassen hatte, geschlossen. Verschiedene Anhänger Rajneeshs wurden später wegen illegalen Abhörens anderer, des Vergiftens von Lebensmitteln, der Körperverletzung und des versuchten Mordes rechtskräftig verurteilt (Larabee, 2000).

Der Gebrauch bewusstseinsverändernder Drogen war offiziell weder im Ashram von Poona noch in dem von Oregon genehmigt. Desungeachtet schnüffelte Rajneesh selbst seit 1982 täglich Nitroxid (Lachgas), um *high* zu werden. Jedenfalls vervollkommnete sich seine „Erleuchtung" kurz nach seiner Rückkehr nach Indien in solchem Ausmaße, dass er verkünden konnte, es sei nun *Gautama der Buddha in seinen Körper eingetreten, was von der Hohepriesterin eines der ältesten Shinto-Schreine in Japan bestätigt worden sei* (Hamilton, 1998).

Rajneesh starb im Jahre 1990, 58-jährig, an einer Herzattacke, nicht allerdings ohne zuvor seinen Namen in „Osho" geändert zu haben, was soviel bedeutet wie „Geliebter Meister".[68] Unter diesem Namen werden bis heute seine Bücher vermarktet.

Sein Ashram in Poona zieht weiterhin Anhänger aus aller Welt an, bis zu 10.000 gleichzeitig: die Atmosphäre gleicht einem Urlaubsresort im *Club-Med*-Stil. In der Tat bietet der Ashram gegenwärtig künstliche Wasserfälle, einen gigantischen Pool, ein Sauna, ein Cybercafé und Tennisplätze. In Indien gilt der einstmals verfolgte Rajneesh längst als meistverkaufter Autor des Landes. Der weltweite Verkaufserlös von Osho-Büchern (zweitausend Titel in 44 Sprachen) und Tonträgern übersteigt eine Million US-Dollars jährlich. Selbstverständlich ist in diesen Büchern nicht die Rede von Rolls-Royces, Schwulenfeindlichkeit, Prostitution, Drogenhandel, Steuerhinterziehung, Abhöranlagen, Salmonellen, Mordanschlägen, Nitroxidschnüffeln oder Mangos in Sirup.

---

68 Der sino-japanische Ehrentitel „Osho" war ursprünglich dem legendären buddhistischen Mönch Bodhidharma vorbehalten, der im 5./6. Jahrhundert u.Z. den Zen-Buddhismus nach China gebracht haben soll; die wörtliche Übersetzung des Titels lautet „Großer Schriftgelehrter".

XX. Da Avatar, Da Bomb, Da Bum

Adi Da

Adi Da ist der göttliche Weltenlehrer, der Spender göttlicher Erleuchtung, der alle Mythen überflüssig und alles Suchen hinfällig macht. Der göttliche Avatar [= vom Himmel herabgestiegener Meister] *in Gestalt des „Franklin Jones"* [= bürgerlicher Name Adi Das] *war nicht gekommen, um nur ein paar wenige zu befreien, Einzelne, die als geeignet erachtet werden könnten für ein derart atemberaubendes Abenteuer. Nein, er war zu allen Lebewesen gekommen* (in Da, 1995). *Da sagte wiederholt, das Jahr 2000 werde das Jahr sein, in dem er weltweit anerkannt sein würde. Er ging sogar so weit zu behaupten, dass die Christen ihn in diesem Jahr als Wiederkunft Christi anerkannt haben würden* (Elias, 2000).

Geboren im Jahre 1939 auf Long Island in New York lebte besagte „Gestalt" des Franklin Jones bis zu seinem zweiten Lebensjahr in einem autistischen Zustand, den er später als „The Bright" [= Die Lichtseite] bezeichnete: *Ich erinnere mich, als Baby neugierig herumgekrabbelt zu sein, mit einem grenzenlosen Gefühl von Freude, Licht und Freiheit in der Mitte meines Kopfes. Ich war eine strahlende Form, der Quell aller Energie, Liebe-Glückseligkeit und Licht inmitten einer Welt, die vollkommen aus Energie besteht, Liebe-Glückseligkeit und Licht, ich war die Macht der Wirklich-*

keit (Da, 1995). Nachdem solche Sichtweise im Zuge seines Heranwachsens zunehmend geschwunden war, erwarb der künftige Guru im Jahre 1961 an der New Yorker *Columbia University* einen akademischen Abschluss in Philosophie. Als er an diesem Punkt gefragt wurde, was er mit seinem Leben machen wolle, brachte er den ernsthaften Wunsch zum Ausdruck, er wolle „die Welt retten".

Ende 1964 begann Jones in New York bei Swami Rudrananda Kundalini Yoga[69] zu studieren; Rudrananda, genannt „Rudi", war ein Schüler Muktanandas. *In einem Anflug von Sentimentalität sinnierte Adi Da später einmal: „Rudi liebte Männer und ich liebe Frauen. Gemeinsam hätten wird die ganze Welt ficken können"* (Lowe, 1996).

Im Jahre 1968 besuchte Jones Muktanandas Ashram in Indien. Bis Mai 1970 hatte er zwei weitere Besuche dort abgestattet. Die Erfahrungen, die er dabei im Zuge intensiver Meditationspraktiken sammelte, umfassten eine „Vision der Hindu-Göttin Shakti". Im Gefolge dessen hatte er im Herbst 1970, während er im *Ramakrishna Vivekananda Vedanta Tempel* in Hollywood meditierte, eine, wie er sagte, „spirituelle Erfahrung, bei der es keinerlei Erfahrung gab". Ebendadurch sei er „spontan und bleibend in den Erleuchtungszustand rückerwacht, in dem er sich von Geburt an" befunden habe. In der Beschreibung dieser Nicht-Erfahrung sagte Jones: *Ich fühlte die göttliche Shakti leibhaftig vor mir erscheinen, eng gepresst gegen meinen Körper und gegen meine ins Unendliche erweitere und nachgerade formlose Form. Sie umarmte mich, offen und total, und wir verbanden uns – bewegungslos und spontan yogisch – in göttlich-sexueller Vereinigung* (Da, 1995). *Oder wie er es, bezugnehmend auf dasselbe Erlebnis etwas farbiger ausdrückte: Die Göttin*

69 Laut tantrischer Lehre wohnt jedem Menschen eine schlafende Kraft, Kundalini genannt, inne. Durch bestimmte yogische Praktiken könne diese erweckt werden, was zur Freisetzung kosmisch-spiritueller Fähigkeiten (= Erleuchtung) führe.

sagte zu mir: „Gib' dich mir hin", und ich fickte ihr das Hirn aus dem Schädel (John Bubba Free, 1974).

💣💣💣

1972 eröffnete Jones zusammen mit einem Freund den *Ashram Bookstore* auf der Melrose Avenue [= eine berühmte Einkaufs- und Vergnügungsmeile] in Los Angeles, von wo aus er seine ersten Anhänger auf sich zog (Lattin, 1985a). Nach einem weiteren Besuch bei Muktananda in Indien im Jahre 1973 nahm Jones die erste seiner zahllosen Namensänderungen vor: er wurde zu Bubba Free John. (In den späten 1970ern fügte er den Beinamen „Da" hinzu – ein angeblich altehrwürdiger Name Gottes mit der Bedeutung „der Gebende" –, den er 1994 um „Adi" ergänzte, wodurch er nicht nur „selbstverwirklicht" wurde sondern auch noch palindromisch.[70]) 1973 begründete er auch seinen ersten Ashram, in einem ehemaligen Ferienort nahe des Cobb Mountain [in den Mayacamas-Bergen nördlich von San Francisco]. Der Ort wird von seinen Anhängern bis heute als „Mountain of Attention" [= Berg der Achtung] bezeichnet.

Im Folgejahr erklärte Bubba Free John sich zum „Göttlichen Gebieter in Menschengestalt" (Gourley und Edminston, 1997). Ebenfalls im Jahre 1974 begründete er sein *„Sex-Theater", das sich um Partnertausch, Sex-Orgien, die Herstellung pornographischer Filme und verschärfte Sex-Praktiken drehte* (Feuerstein, 1996). Im Jahre 1985 jedenfalls wies die Sekte rund 1000 aktive Mitglieder auf, weitere 20.000 führte sie auf ihrer *mailing list.* Von den Mitgliedern wurde Berichten zufolge erwartet, dass sie 10 bis 15 Prozent ihres Einkommens an die „neue Kirche" abträten.

70 Adi Da kann von vorne und hinten gelesen werden (= Palindrom).

1980 verfasste der Szenephilosoph Ken Wilber ein liebedienerisches Vorwort zu Adi Das Buch *Scientific Proof of the Existence of God Will Soon Be Announced by the White House!* [= Der wissenschaftliche Nachweis der Existenz Gottes wird in Kürze vom Weißen Haus bekanntgegeben!]. Wilbers Vorwort drehte sich überwiegend um die Argumentation, dass Da keinen gefährlichen Kult um sich selbst herum betreibe, aber er fand auch noch Platz genug, folgenden Lobpreis einzufügen: *Meiner Meinung nach haben wir es in der Person von Da Free John mit einem spirituellen Meister und religiösen Genie des höchsten Grades zu tun. Ich versichere Sie, dass ich das nicht leichtfertig sage. Ich werfe nicht mit wirkmächtigen Sprüchen herum, um Propaganda für die Arbeit von Da Free John zu machen, vielmehr biete ich Ihnen meine eigene wohlbedachte Bewertung: Da Free Johns Lehre ist, wie ich glaube, unübertroffen von irgendeinem der anderen der spirituellen Heroen, egal welchen Zeitalters, welchen Ortes und welcher Überzeugung.* Damit nicht genug trug Wilber 1980 einen überschwänglichen Text zur Einführung in Adi Das Buch *The Dawn Horse Testament* [= Das Testament des Sonnenaufgangspferdes] bei: *Dies ist nicht nur meine persönliche Meinung; vielmehr ist dies eine für jedermann mit Intelligenz, Sensibilität und Integrität offenkundige Tatsache: „The Dawn Horse Testament" ist das ekstatischste, kompletteste, radikalste und allumfassendste spirituelle Textbuch, das jemals vom menschlich-transzendenten Geist niedergeschrieben und bekannt gemacht worden ist.*

Wilber, der seit Ende der 1970er als hochrespektiertes „Genie" im Bereich der Bewusstseinsforschung gehandelt wurde,[71] steuerte weitere Unterstützung der Lehre Das bei,

71 Ken Wilber (* 1949) gilt mit seinem 1979 erschienenen Buch *The Spectrum of Consciousness* als Hauptvertreter der „Trans-

diesmal zu einem Buch mit dem bescheidenen Titel *The Divine Emergence of the World-Teacher* [= Das göttliche Auftauchen des Weltenlehrers]: *Das Ereignis des Herz-Meisters Da ist ein Anlass zu frohlocken, da er ohne jeden Zweifel der erste westliche Avatar* [= vom Himmel herabgestiegener Meister] *der Weltgeschichte ist, der sich zur Erscheinung gebracht hat. Seine Lehre umfasst, wie ich glaube, die verdichtetste Fülle transzendenten Weistums, wie sie nur irgendwo in der spirituellen Weltliteratur, egal ob modern oder klassisch, egal ob aus Ost oder West, gefunden werden kann* (in Bonder, 1990).

Adi Das spirituelle Erkenntnis umfasste Einsichten wie diese: *Ich erinnere mich, mir über einen Zeitraum von Tagen einer Welt bewusst gewesen zu sein, die offenbar innerhalb unseres Mondes bestand. Es war eine überphysikalische oder astrale Welt, von der aus Wesenheiten zur Geburt auf die Erde oder in andere Welten entsandt wurden, so dass ihre Leiber dann von der älteren Generation auf dem Mond mit kannibalistischem Genuss verzehrt oder zur Arbeit als körperliche oder mentale Sklaven gezwungen werden konnten* (Da, 1995).

Sofern man Adi Das Visionen „astraler Mond-Kannibalen-Sklaven" nicht ernstzunehmen geneigt war, gelangte man ohne Weiteres zu ernstzunehmender Sorge um seinen Geisteszustand. Wilber jedenfalls scheint keine Zweifel gehabt zu haben: *Ich bin mir dieses Mannes so sicher wie all dessen, was ich je geschrieben habe* (in Da, 1985). Schön gesagt.

Nach herkömmlichen gesellschaftlichen Maßstäben gleicht Adi Da dem Insassen einer Irrenanstalt, der sich als Na-

---

personalen Psychologie". Er wurde wesentlich von Sri Aurobindos Werken beeinflusst.

poleon vorkommt und ein paar andere Patienten davon überzeugt hat, dass er der Chef ist. Aber die Menschen, die außerhalb der Mauern seiner Privatwelt mit ihren eisenvergitterten Fenstern unterwegs sind, sagen: „Ja, du denkst, du seiest Napoleon, aber wir denken das nicht. Du denkst, du seiest das allererleuchtetste Wesen, das es jemals gegeben hat und jemals geben wird, aber wir denken das nicht. Es geht einfach nicht auf. Nach herkömmlichen Maßstäben bist du ziemlich krank, komplett durchgeknallt, absolut bescheuert, ein irrenhausreifer Wahnsinniger...". Ein Mann gegen die ganze Welt... und gut tausend Leute haben ihm seine abgedrehte Spinnerei abgekauft (Bob, 2000). Ein früherer enger Freund Adi Das aus gemeinsamen Tagen bei Scientology brachte seine Einschätzung zu dessen Weltsicht wie folgt zum Ausdruck: *Ich denke, dass er wirklich denkt, er sei Gott. Wenn man dir jede Verrücktheit durchgehen ließe, was würdest du von dir denken?* (in Lattin, 1985a).

Sie rufen ihn unter vielen Namen, und doch: Er ist nur der Eine Gott.
Franklin Jones. Franklin, Benjamin. Franklin Mint.
Bubba Free John. Bubba Louie. Da Quicksdraw.
Da Free John. Da Free Paul. Da Free Gorge. Da Ringo.
Da Love-Ananda. Da Love-Bliss. Da Loves-You, Yeah-Yeah-Yeah.
Dau Laloma. Dau La'Samba, Ba-Da-Da-Da-Da La Bamba.
Do Do Run Rerun, Da Do Run Run.
De Do Do Do, De Da Da Da.
Master Da. Master John. Master Bates. Da Dildo.
Adi Da. Da Avatar. Da Bomb.
Da Bum.
D'uh.
Zippity Do Da.

Da Hoogivesahoot (= Da-wen-kümmert's-einen-Scheiß) verbrachte die meiste Zeit der 1980er und 90er auf einem Herrensitz auf einer der Fiji-Inseln, Berichten zufolge in Gesellschaft von dreißig seiner Langzeitanhänger und seiner neun Ehefrauen.

Adi Da verstarb, 69-jährig, im November 2008.

XXI. Wie ein Gott

Andrew Cohen

Cohen über sich selbst: *Andrew Cohen ist nicht nur ein spiritueller Lehrer – er ist ein inspirierendes Phänomen. Seit seinem Erwachen im Jahre 1986 hat er nur für eine Sache gelebt, geatmet und gesprochen: für die Möglichkeit totaler Befreiung aus der Knechtschaft von Unwissenheit, Aberglauben und Selbstbezogenheit. Machtlos, seinen unablässigen Forscherdrang zu begrenzen, hat er das „Juwel der Erleuchtung" aus jedem Blickwinkel heraus betrachtet und eine Lehre hervorgebracht, die, ebenso gewaltig wie feinsinnig, in ihren Auswirkungen unvergleichlich direkt und revolutionär ist* (Cohen, 1999).

Andrew Cohen wurde im Jahre 1955 in New York geboren. Er verbrachte die prägenden Jahre seiner Kindheit vom fünften bis zum fünfzehnten Lebensjahr in psychoanalytischer Behandlung (Cohen, 1992). Im Alter von sechzehn Jahren hatte er eigenen Angaben zufolge ein Erlebnis spontaner Bewusstseinserweiterung „in alle Richtungen gleichzeitig, hinein in endlosen Raum", zusammen mit einer „Offenbarung des Verbundenseins und der Untrennbarkeit allen Lebens". Ein paar Jahre später wurde er von einem direkten Schüler Paramahansa Yoganandas in Kriya Yoga (eine Variante des

Kundalini Yoga[72]) initiiert. Nachdem er diese Technik ein halbes Jahr lang praktiziert hatte, sei ihm ein temporäres Ansteigen der Kundalini-Energie zuteil geworden, zusammen mit einer Vision flammend weißen Lichts.

Nachdem er seine musikalischen Bestrebungen aufgegeben hatte – seiner Version zufolge aus Enttäuschung darüber, in der Musik „keine vollkommene und dauerhafte spirituelle Erfüllung gefunden" zu haben, in der Version seiner Mutter hingegen aus Frust darüber, als Schlagzeuger nicht gut genug gewesen zu sein –, reiste er nach Indien, wo er seiner künftigen Ehefrau Alka begegnete. 1986 traf er dort auch seinen Guru Hari Wench Lal Poonja, der sich als erleuchteter Schüler des berühmten Weisen Ramana Maharshi präsentierte. Bei seiner ersten Begegnung mit Poonja soll Cohen ein tiefgreifendes Erleuchtungserlebnis von „Leere" gehabt haben, das von dem Guru als echt bestätigt wurde und beide offenbar tief beeindruckte: *Poonja sagte mir, dass ich denselben Ausdruck in meinen Augen hätte, den auch sein Guru Ramana Maharshi gehabt habe. Er sagte, er habe diesen Ausdruck nur dreimal in seinem Leben gesehen: in den Augen seines Gurus, in seinen eigenen und in meinen. Er verlas eine Liste mit den Namen aller Buddhas, die in diese Welt gekommen waren. Als er zum Ende der Liste kam, verlas er meinen Namen, schaute mich an und lächelte* (Cohen, 1992).

Im Gefolge seiner Erleuchtung und nach knapp zweieinhalb*wöchigem* [!] Training entsandte Poonja Cohen mit großen Erwartungen als Lehrer hinaus in die Welt. Cohen selbst soll seiner Mutter gegenüber sein Gefühl bekräftigt haben, jetzt eine bestimmte Zielsetzung im Leben zu sehen, noch dazu eine ausgesprochen messianische: *Poonja und ich sind womöglich die beiden einzigen Menschen auf der Welt, die die Erleuchtungsarbeit vollbringen, die wir vollbringen*

---

72 Laut tantrischer Lehre wohnt jedem Menschen eine schlafende Kraft, Kundalini genannt, inne. Durch kriya-yogische Praktiken könne diese Energie „erweckt" werden, was zur Freisetzung kosmisch-spiritueller Fähigkeiten (= Erleuchtung) führe.

(in Tarlo, 1997). Wie ein früher Schüler Cohens berichtete: *Poonja sagte ihm, er werde eine Revolution unter den jungen Menschen im Westen hervorrufen: „Ich reiche meinen Mantel* [= Führungsrolle] *an dich weiter", sagte er* (van der Braak, 2003).

Selbstredend ist man als tonangebender Schüler einer derart erhabenen Figur wie Poonja und für das eigene Image verpflichtet, Wunder zu vollbringen. In Cohens Worten: *Es gibt nur sehr wenige Menschen wie mich in der Welt. Ich kann das Karma einer Person löschen*[73] *... Wenn du mir vertraust, habe ich die Macht, deine Vergangenheit komplett zu löschen ... Jedem, der mich liebt, ist Erleuchtung garantiert ... Manchmal fühle ich mich wie ein Gott* (in Tarlo, 1997). Unter den rund 1000 Anhängern Cohens wurde allen Ernstes die Möglichkeit diskutiert, er sei die Reinkarnation Buddhas. Wie Poonja erklärte: „Das 20. Jahrhundert ist glücklich, den vollkommenen Buddha wiedergeboren zu sehen, der mit den Menschen lebt, um sie aus dem elenden Samsara [= Kreislauf von Leben und Tod] zu befreien" (Cohen, 1992). Nicht genug damit: einige Schüler Cohens behaupteten auch, er sei die Wiedergeburt Jesu Christi (Tarlo, 1997).

Interessanterweise bekundete Poonja seine Sichtweise des Guru-Schüler-Verhältnisses Cohen gegenüber einmal so: „Sei deinem Lehrer nicht zu anhänglich" (in Cohen, 1989). Dessen Sicht der Dinge entwickelte sich indes ins genaue Gegenteil: *Man kann gar nicht zu abhängig sein von einer wahrhaft erleuchteten Person: „Je anhänglicher man einer solchen Person gegenüber wird, desto buchstäblich freier wird man." Er machte sich lustig über die Bedeutung, die im Allgemeinen – und von Menschen aus dem Westen im Besonderen – persönlicher Unabhängigkeit zugemessen wird.*

73 Das hinduistisch-buddhistische Konzept des Karma bedeutet u.a., dass schlechte Taten durch Strafen im Zwischenreich zwischen Tod und Wiedergeburt (z.B. durch Äonen andauernde Verdammnis in einer Hölle) bzw. im folgenden Leben (z.B. durch Reinkarnation in niederer Tierform) gesühnt werden.

Cohens Glaube an die eigene Besonderheit trat immer mehr in den Vordergrund. Jene, die erleuchtet sind, so sagte er, können per definitionem nichts falsch machen. Sie agieren nicht mehr aus Unwissenheit heraus auf eine Weise, die anderen Menschen Leid verursachen könnte" (Horgan, 2003).

Cohen begründete in den USA zahlreiche spirituelle Gemeinschaften oder *Sanghas.*[74] Ursprünglich ließ er seine Schüler gemeinschaftlich bewohnte Häuser in Massachusetts anmieten. Bald aber zog die Gemeinde nach Boston um, später dann, im Sommer 1989, nach Kalifornien. 1997 zog man zurück nach Massachusetts, auf ein *Foxhollow* genannntes millionenschweres Anwesen. Für das Privileg mitumziehen zu dürfen, zahlte jeder Schüler 1000 Dollars pro Jahr seiner Schülerschaft. Ein langjähriger Schüler Cohens drückte seinen Enthusiasmus für dessen Erleuchtungswerk wie folgt aus: *Dies ist ein außergewöhnliches Experiment: wir sind die Vorboten einer evolutionären Welle, die die westliche spirituelle Welt transformieren wird* (van der Braak, 2003). Gleichwohl scheint sich das Leben innerhalb der „evolutionären" Gemeinschaft keineswegs in himmlischer Manier entwickelt zu haben. Tatsächlich umfasste die allenthalben verfügte Geisteshaltung Cohens einen Bann jedes persönlichen oder individuellen Lebens zugunsten der Durchsetzung der Cohenschen Regeln und eines „Lebens um des Ganzen willen" (van der Braak, 2003). Ab Mitte der 1990er erforderte die mit Zwang durchgesetzte Disziplin sechshundert Niederwerfungen jeden Morgen, samt begleitender Wiederholung eines vom Meister selbst geschaffenen Mantras: „Nichts wissen, nichts haben, niemand sein": *Dies war die Botschaft, die er in unser Hirn eingemeißelt haben wollte* (van der Braak, 2003).

74 Bezeichnung für (buddhistische) Glaubensgemeinschaften.

Eine ehemalige Schülerin namens Tarlo beschreibt Cohens „stetig zunehmende Paranoia und seinen extremen Willen, alles zu kontrollieren". Im Zuge ebensolcher Geisteshaltung habe das disziplinierte Leben in der Gemeinschaft mit sich gebracht, dass Anhängerinnen und Anhänger

- täglich bis zu 1000 Niederwerfungen durchführen mussten;
- sich die Köpfe zu rasieren hatten, während Cohen selbst großen Wert auf seine Haartracht legte;
- zölibatär zu leben hatten;
- ihre säkularen Bücher wegwerfen mussten;
- mit fünf Stunden oder weniger Schlaf auszukommen hatten;
- in Klausur kein persönlichen Gespräche führen durften.

Tarlo fasste ihre Meinung zu Cohen wie folgt zusammen: *Es kommt mir so vor, als sei Andrew seiner eigenen Propaganda zum Opfer gefallen, genauso wie all die anderen Gurus auf dem Marktplatz, die Errettung aus Leiden versprachen – von Hitler bis David Koresh*[75] (Tarlo, 1997). Zu beachten ist, dass die komplett negative und Cohen mit Hitler vergleichende Bewertung des Gurus von dessen eigener *jüdischer Mutter* und vormaligen Schülerin Luna Tarlo stammt.

75 David Koresh (1959-1993), Anführer der US-Endzeitsekte *Branch Davidians*.

XXII. Hallo Dalai!

Der Dalai Lama

Der Dalai Lama ist das Oberhaupt der Gelug-Schule des tibetischen Buddhismus.[76] Der Titel „Dalai Lama" stammt aus dem Mongolischen und bedeutet „Ozean der Weisheit" oder „Ozeanischer Weistumsmeister". Die Traditionslinie der Dalai Lamas reicht bis ins frühe 15. Jahrhundert zurück. Jeder Amtsträger wird als Wiedergeburt des jeweils vorhergehenden und letztlich als Emanation des Chenrezig betrachtet, des Bodhisattvas[77] bzw. Buddhas des Mitgefühls. Nach dem Tod eines Dalai Lama unternehmen die Mönche eine Suche nach seiner Reinkarnation, die gewöhnlich in einem kleinen Jungen gefunden wird. Vertrautheit mit der persönlichen Habe des vorhergehenden Dalai Lama wird als hauptsächliches Zeichen der Wiedergeburt gesehen. Die Suche nach der Reinkarnation dauert üblicherweise ein paar Jahre, was zeit-

---

76 Der Dalai Lama gilt innerhalb der Gelug-Sekte (Gelbmützen) als Emanation der obersten Gottheit (Chenrezig) des tibetischen Buddhismus. Als formales Oberhaupt der Gelugpa firmiert der jeweilige Abt des Großklosters Ganden.

77 Ein Bodhisattva ist nach tibetisch-buddhistischer Lehre ein erleuchteter Meister, der, anstatt sich als Buddha ins Nirvana aufzulösen, aus grenzenlosem Mitgefühl erneut inkarniert, um allen anderen Wesen zu helfen, sich aus dem leidvollen Kreislauf der Wiedergeburten zu befreien.

liche Lücken in der Reihenfolge der Dalai Lamas bedingt. Der gegenwärtige Dalai Lama, Tenzin Gyatso, der vierzehnte in dieser spirituellen Übertragungslinie, wurde im Jahre 1935 geboren. Seit seiner Flucht aus Tibet 1959 – acht Jahre nach dem Einmarsch der Chinesen – lebt er in Dharamsala in Nordindien.[78]

Vorhergehende Inkarnationen innerhalb derselben Übertragungslinie haben je eigene Spuren in der Geschichte hinterlassen: *Der sechste Dalai Lama beispielsweise soll Liebschaften mit einer Vielzahl an Frauen gehabt haben, zudem eine Vorliebe für Glücksspiel und Alkohol* (Carnahan, 1995). *Er begann, sich um seine Haartracht zu kümmern, berauschende Getränke zu konsumieren, und auf Dauer war keine gutaussehende Person, egal welchen Geschlechtes, sicher vor seinen hemmungslosen Nachstellungen* (French, 2003). Dieser sechste Dalai Lama, Tsangyang Gyatso, lebte nur ein paar Jahrhunderte zurück, von 1683 bis 1706.

Angesichts besagter Übertragungslinie dürfte es kaum überraschen, dass auch der gegenwärtige Dalai Lama ein paar Gedanken zu sexuellen Angelegenheiten geäußert hat: Auf die Frage, welch „allgemeine Erfahrung" er in seinem Leben am meisten verpasst habe, deutete der in die Jahre gekommene Mönch auf sein Gemächt und antwortete lachend: „Offenkundig habe ich das hier verpasst" (Ellis, 2003).[79] An-

78 Tatsächlich erfolgte der Einmarsch der chinesischen Volksbefreiungsarmee in Tibet bereits im Jahre 1951. Erst acht Jahre später ging der Dalai Lama, der sich zuvor einvernehmlich mit den Chinesen arrangiert hatte, ins Exil.

79 Innerhalb der Gelug-Sekte des Dalai Lama gibt es unterschiedliche Auslegungen des Zölibatsgelübdes: Ejakulationsloser Geschlechtsverkehr, so der Dalai Lama, stehe allemal in Einklang mit dem Gebot der Enthaltsamkeit. Was das für ihn persönlich bedeutet, bleibt offen.

dere buddhistische Lehrer aus der Heimat des Dalai Lama haben hinsichtlich sexueller Aktivitäten offenbar nicht soviel „verpasst“, wie eine westliche Lehrerin und Anhängerin des tibetischen Buddhismus notierte: *Wie konnte dieser alte Lama, ein verwirklichter Meister der höchsten Vajrayana-Praktiken des Maha Mudra*[80]*, jedes Jahr eine dreizehn- oder vierzehnjährige Nonne auswählen, die seine Sexgefährtin wurde? Ich sprach mit einer Reihe an West-Frauen, die mit ihrem Lama geschlafen hatten. Einige waren durchaus angetan davon – sie fühlten sich als etwas Besonderes. Andere fühlten sich benutzt und wandten sich vom Buddhismus ab. Wieder andere sagten, sie hätten den Lama bemuttert. Aber keine von ihnen beschrieb es als Unterweisung, da war nichts „Tantrisches“ dran. Der Sex war für den Lama, nicht für sie* (in Kornfield, 2000).[81]

Der gegenwärtige Dalai Lama hält sich an klar definierte Grenzen der „Fleischeslust“ und vertritt diese auch mit Nachdruck: *Sein unverrückbarer Standpunkt zu Homosexualität ist dem Papst Johannes Paul II. sehr ähnlich, ein Umstand, den seine Anhänger im Westen eher peinlich finden und den sie zu ignorieren suchen. Ein US-Verleger des Dalai Lama forderte diesen sogar auf, seine scharf formulierten Einwände gegen Homosexualität aus seinem Buch „Ethics for the New Millennium“* [deutsch: Das Buch der Menschlichkeit: Eine neue Ethik für unsere Zeit] *von 1999 zu streichen, aus Sorge, sie könnten die amerikanische Leserschaft beleidigen; der Dalai Lama stimmte zu*[82] (French, 2003).

---

80 Maha Mudra bezeichnet den Kern der Lehren Buddhas.

81 Es ist nicht ersichtlich, ob der angeführte Lama der Gelbmützensekte (Gelug) des Dalai Lama zugehörte oder einer der anderen Sekten (Sakya, Nyingma, Kagyü) des tibetischen Buddhismus (Vajrayana). Es spielt dies allerdings keine Rolle: die vier Sekten weisen keine wesentlichen Unterschiede auf.

82 Die Zustimmung des Dalai Lama zur Entfernung der homosexuellenfeindlichen Passagen in seinem Buch erfolgte nicht

In weiterer Darlegung der sexspezifischen Einschränkungen des tibetischen Buddhismus tut der Dalai Lama kund: *Sexuelles Fehlverhalten für Männer und Frauen umfasst oralen und analen Sex. Selbst mit deiner Ehefrau ist die Benutzung des Mundes oder einer anderen Körperöffnung sexuelles Fehlverhalten* (in P. Harvey, 2000). *Wenn Geschlechtsverkehr während des Tages stattfindet, ist dies ebenfalls als Form sexuellen Fehlverhaltens anzusehen* (Dalai Lama, 1996). *Allerdings stellen sexuelle Beziehungen zu einer Prostituierten kein Fehlverhalten dar, sofern man selbst bezahlt und dies kein Dritter übernimmt* (Dalai Lama, 1996).

Die eigene Hand zur Befriedigung zu verwenden stellt sexuelles Fehlverhalten dar (Dalai Lama in P. Harvey, 2000). Und weiter: *Masturbation bedeutet, den Samen auf eine andere Person zu entlassen. Wenn ein Mönch einen Novizen dazu veranlasst, ihn zu masturbieren oder selbst einen schlafenden Novizen masturbiert, könnte das als verbotener homosexueller Akt gesehen werden* (P. Harvey, 2000).

Es ist ein geringeres Vergehen, wenn Nonnen, „gequält von Nichtbefriedigung", ihre Genitalien zur Buße gegenseitig mit flacher Hand oder mit irgendeinem Gegenstand schlagen, selbst wenn die schlagende Nonne dabei Vergnügen empfindet (P. Harvey, 2000).

Nuns just wanna have fun.[83]

Der kaum als pazifistisch zu bezeichnende US-Schauspieler Steven Seagal wurde im Juni 1997 von Penor Rinpoche[84] formell als Reinkarnation des Chungdrag Dorje, des Be-

---

freiwillig, sondern erst nach massivem Druck seitens führender US-Schwulen- und Lesbenverbände.

83 Geoffrey Falk nimmt ironisch Bezug auf den (emanzipatorisch angehauchten) Hit „Girls just wanna have fun" von Cindy Lauper aus dem Jahre 1983.

84 Penor (1936-2009) war Oberhaupt der Nyingma-Sekte.

gründers der Nyingma-Schule des tibetischen Buddhismus, anerkannt.[85] *Penor war dabei, rund um die Welt buddhistische Zentren einzurichten, als Seagal ihn nach Los Angeles einlud und einen namhaften (monetären) Beitrag zu dessen „Amtssitz im Westen" leistete. Die Herausgeberin des buddhistischen Magazins „Tricycle", Helen Tworkov, meinte dazu: „Niemand, der Seagal kennt, scheint der Ansicht zu sein, er zeige irgendeine höhere Form spiritueller Weisheit"* (Schell, 2000).

Selbst in Buddhisten-Kreisen wird hinter vorgehaltener Hand darüber gesprochen, dass *im alten Tibet* [= vor dem Einmarsch der Chinesen] *die Lamas Verbündete der Feudalherren waren und ungerührt mittelalterliche Strafen wie Augenausstechen und Zu-Tode-Peitschen verhängten* (Hitchens, 1998). *Bei einem Besuch des „Tibet-Museums" in Lhasa sah der Journalist Alain Jacob* [von der französischen Tageszeitung „Le Monde"] *„getrocknete und gegerbte Häute von Kindern, verschiedene abgehackte menschliche Gliedmaßen, getrocknet oder konserviert, sowie zahlreiche Folterwerkzeuge, wie sie bis vor wenigen Jahrzehnten in Gebrauch waren". Diese „Andenken" und Instrumente der ins Exil abgetauchten Lamas waren der Beweis, wie Jacob notiert, dass unter dem buddhistisch-religiösen Regime in Tibet „bis in die Mitte des 20. Jahrhunderts hinein Herrschaftspraktiken von eiskalter Grausamkeit lebendig waren, deren Zweck darin bestand, die gesellschaftliche Ordnung des feudal-klerikalen Staates aufrechtzuerhalten* (Clark, 1980).

85 Die Nyingma-Tradition geht auf den legendären buddhistischen Mönch Padmasambhava (8./9. Jahrhundert u.Z.) zurück. Chungdrag Dorje begründete im 17. Jahrhundert ein Nyingma-Kloster in Osttibet.

XXIII. Up the Asana[86]

Yogi Amrit Desai

Desai ist ein erleuchteter Meister mit penetrierender Erkenntnis und Intuition (in Desai, 1981).

Yogi Amrit Desai (geb. 1932) ist Begründer des Kripalu-Yoga und vormaliges Oberhaupt des *Kripalu Centers* in Lennox, Massachusetts, der größten und angesehensten Yoga-Einrichtung in Nordamerika. Aufgewachsen in Indien traf er, 16-jährig, im Jahre 1948 seinen Guru, Swami Kripalvanandaji, einen vorgeblichen Meister des Kundalini-Yoga. Kripalvanandajis eigener Guru, so die Legende, soll „Lord Lalikush, die achtundzwanzigste Inkarnation Lord Shivas" [= führende Hindu-Gottheit] höchstpersönlich gewesen sein (Cope, 2000).

Interessanterweise habe Kripalvanandaji „yogische Masturbation" betrieben, sprich: Onanie im Zustand der Medita-

86 Die originale Kapitelüberschrift „Up The Asana" nimmt ironisch Bezug auf die amerikanische Redewendung „to drive someone up the wall", was wörtlich bedeutet „jemanden die Mauer hinauftreiben" im Sinne von „jemandem extrem auf die Nerven gehen"; Asanas sind yogische Körperübungen.

tion, mit dem Ziel, Kundalini-Energie den Wirbelsäulenkanal hinaufsteigen zu lassen[87] (Elias, 2002).

Desai selbst kam 1960 als Kunststudent in die USA. Seine Entdeckung des Kripalu-Yoga im Jahre 1970 – er lebte zu dieser Zeit mit seiner Ehefrau in Philadelphia – beschreibt er wie folgt: *Während meiner Routineübung von Hatha-Yoga-Positionen erlebte ich, dass mein Körper sich spontan und anstrengungslos bewegte, während ich selbst gleichzeitig in die tiefste Meditation hineingezogen wurde, die ich je erfahren hatte. Die Macht und Intelligenz, die mich durch diese scheinbar paradoxe Erfahrung von Bewegung und Meditation hindurchgeleitete, erfüllte mich mit Staunen und Glückseligkeit. An diesem Morgen bewegte mein Körper sich aus eigenem Antrieb heraus, ohne meine Anweisung; er führte automatisch komplizierte Abfolgen fließender Bewegungen aus. Viele dieser Positionen (asanas) hatte ich noch nicht einmal in Yoga-Lehrbüchern gesehen* (Desai, 1981). Wie Swami Kripalvanandaji dazu erklärte: *All diese Positionen, Bewegungen und Handhaltungen (mudras) treten automatisch auf, wenn die evolutionäre Energie des Prana* [= kosmische Lebensenergie] *im Körper des Yogi erweckt wurde. Es ist dies ein integraler Bestandteil des Erweckens der Kundalini* (in Desai, 1981).

Desai bezeichnete das Yoga-System, das er aus besagter Initialerfahrung herleitete, als „Kripalu“, als Ehrerbietung an seinen Guru, dessen besonderer Gnade er seine Entdeckung zuschrieb. Im Gefolge seines „Erwachens“ begründete Desai 1970 einen ersten Ashram [= Meditationszentrum], 1975 einen zweiten in Pennsylvania. 1983 wurde das *Kripalu Center for Yoga and Health* in Massachusetts begründet, mit De-

87 Laut yogischer Lehre wohnt jedem Menschen eine schlafende Kraft, Kundalini genannt, inne, die wie eine eingerollte Schlange am unteren Ende der Wirbelsäule ansässig ist. Durch yogische Praktiken könne diese Energie „erweckt“ und die Wirbelsäule hinauf ins Gehirn geleitet werden, was zur Freisetzung kosmisch-spiritueller Fähigkeiten (= Erleuchtung) führe.

pendancen in Nordamerika, Europa und Indien. Von diesen Zentren aus verströmte Desai – Gurudev genannt – „Disziplin und Weisheit zum spirituellen Wohle seiner Anhänger“: *Sage dir sooft als irgend möglich: „Ich will nichts haben, ich will nichts sein, ich brachte weder etwas mit, noch will ich etwas mitnehmen, wenn ich gehe. Ich will nichts für mich erreichen. Ich übergebe mein Leben Gott und meinem Guru.“ Alles was der Guru will, ist dein Glück und dein Wachstum* (Desai, 1985).

Desais Schüler Rajendra erklärte Details des Gemeinschaftslebens in den Kripalu-Ashrams: *Gurudev beschränkt keineswegs die sexuelle Liebe – nur den Missbrauch davon. Verheiratete Paare im Ashram dürfen ein gemäßigtes Sexleben führen, sofern es sie nicht vom Kurs ihrer Sadhana* [= spirituelle Disziplin] *abbringt. Unverheiratete Personen werden aufgefordert, sich zu enthalten* (Rajendra, 1976).

Zehn Jahre nach Gründung des *Kripalu Centers* sah Desai sich in einen Skandal verwickelt, der aus der Entdeckung erwachsen war, dass er insgeheim drei seiner Schülerinnen seine „penetrierenden Erkenntnisse“ demonstriert hatte (Carlson, 2002a). Im Sog dieses Skandals trat er 1994 als spiritueller Direktor des *Kripalu Centers* zurück; oder genauer gesagt: er wurde von den Bewohnern des Ashrams, den er selbst begründet hatte, *gezwungen,* diesen zu verlassen.

Bravo!!

Yogi Desai nahm nach einer gewissen Schamfrist seine Lehrtätigkeit anderweitig wieder auf.

XXIV. Sodom und Gomorrha

Die römisch-katholische Kirche

Zu den charakteristischen Eigenschaften sogenannter Sektenkulte zählen die Existenz eines unfehlbaren Anführers und das Verbot, dessen Lehre zu hinterfragen. Hypnotisierender Singsang und dergleichen wird häufig als Mittel eingesetzt, einen beeinflussbaren, tranceähnlichen Zustand bei den Anhängern herbeizuführen und dergestalt ihr Bewusstsein zu kontrollieren. Darüber hinaus findet man oft eine „verdeckte Agenda", das heißt: potentiellen Mitgliedern der Gruppe wird nicht voll erklärt, was von ihnen erwartet wird, sollten sie sich für einen Eintritt entscheiden.

Zudem fristen die Insider der jeweiligen Kultgemeinschaft einen oftmals minutiös geregelten Tagesablauf – bis hin zur Kontrolle ihres Sexuallebens –, ihre Stunden sind gefüllt mit auf die Organisation bezogenen Tätigkeiten, so dass ihnen keine Zeit bleibt, die Moralität ihres Handelns zu überdenken. („Halte die Mitglieder so beschäftigt, dass sie keine Zeit haben, nachzudenken und etwas herauszufinden" [Hassan, 2000].) Nicht selten zeigen die Anhänger auch Verfolgungsängste, einhergehend mit dem Glauben, die „Welt da draußen" sei hinter ihnen her und habe sich verschworen, die Organisation zu zerstören. Es wird womöglich auch von ihnen verlangt, Ranghöheren gegenüber ihre „Gedanken, Gefühle und Handlungen" mitzuteilen oder zu bekennen.

Regelmäßig findet man überdies einen Mangel an angemessener medizinischer Versorgung selbst für die treuesten Gefolgsleute, auch künstlich induzierte Ängste, die verhindern sollen, dass Anhänger die Organisation verlassen. Man findet die Unterdrückung von Informationen, die der Gruppe gefährlich werden könnten, dazu apokalyptische Lehren samt der Vorstellung, nur die Mitglieder der Kultgemeinschaft würden errettet vor ewiger Verdammnis. Die Gruppe erscheint den Anhängern als der „einzige wahre Weg", wer davon abweiche, könne keine Glückseligkeit erlangen; sie werden botmäßig gehalten durch die Furcht, sie könnten ihre Errettung verspielen, sollten sie in Erwägung ziehen, die Gruppe zu verlassen. Umgekehrt laufen Mitglieder, die den rigiden Regeln und Vorschriften der Organisation zuwiderhandeln oder den Führer kritisch hinterfragen, Gefahr, verstoßen oder „exkommuniziert" zu werden.

Um von der römisch-katholischen Kirche und ihrem göttlich inspirierten Anführer zu sprechen: *Anders als das Judentum hält und verkündet der Katholizismus sich als den einzig wahren Glauben* (Bruni und Burkett, 2002) *Der Papst, zusammen mit hunderten von Millionen treu ergebener Anhänger, glaubt, er sei Gottes Stellvertreter auf Erden* (Cornwell, 1999).

Unlängst wurde eine Studie durchgeführt. Sie umfasste fünfzig angeblich zölibatär lebende Priester, von denen etwa die Hälfte schon vor der Ordination wusste, dass sie schwul waren. Die Studie zeigte, dass diese hochwürdigen Herren „durchschnittlich 226 Sexpartner hatten, 22 Prozent von ihnen über 500" (Wills, 2000). Überrascht? Man stelle sich vor, wie viele Partner sie gehabt hätten, wären sie nicht dem Zölibat und der Keuschheit verpflichtet gewesen! Jedenfalls dürfte den Ministranten, die von katholischen Priestern begrabscht, verführt oder zum Analverkehr genötigt wurden, nicht vorab erklärt worden sein, was sie für die Kirche tun müssten; hinterher freilich auch nicht.

Kardinäle leisten einen Eid auf den Papst, die Kirche vor Skandalen zu beschützen – sprich: zu verhindern, dass negative Informationen an die Öffentlichkeit dringen (Berry und Renner, 2004). *Offensichtlicher Irrtum, Inkompetenz, Schlamperei und vorsätzliches Fehlverhalten sind der höheren Führungsebene der römisch-katholischen Kirche ein Horror. Alles wird mit gleichgroßem Eifer abgestritten, vertuscht, wegerklärt. Die Welt des Klerus glaubt allen Ernstes, ihre Mitglieder seien vom Allmächtigen selbst auserwählt und stünden in seiner Gunst. Autoritätsfiguren höheren Ranges wird von allen, die unter ihnen stehen, in einer Mischung aus Angst und Ehrfurcht begegnet. Die Zirkel der Macht sind in sich geschlossen, am strengsten die unter den Bischöfen. Geheimhaltung sorgt für eine Isolierschicht zwischen dem Träger einer Amtsautorität und jedem, der versucht wäre, deren Ausübung in Frage zu stellen* (Doyle, 2003).

Freiheit, die Lehre zu hinterfragen? Also bitte. *Bis in die 1950er und frühen 1960er Jahre hinein, genauer: bis zum 2. Vatikanischen Konzil, galt es nach offizieller Glaubensdoktrin der Kirche als Sünde, ein Buch zu lesen, das auf dem „Index Librorum Prohibitorum“* [= Verzeichnis verbotener Bücher] *stand, darunter Schriften von Voltaire, Rousseau, Kant und insbesondere von Darwin* (Sennott, 1992).

Der Antimodernisteneid, angeordnet im Jahre 1910 durch Papst Pius X. und in modifizierter Form bis zum heutigen Tage von katholisch Ordinierten zu leisten, verlangt Anerkennung jedweder päpstlichen Lehre und jederzeitige Zustimmung zu Sinn und Bedeutung dieser Lehre nach Vorgabe des Papstes. Es gibt keine Möglichkeit für irgendeine Form abweichender Meinung, noch nicht einmal kirchenintern. Das Gewissen desjenigen, der diesen Eid ablegt, ist gezwungen, nicht nur all das, was Rom vorgibt, sondern auch noch die Auslegung, in der Rom die eigenen Vorgaben interpretiert, zu akzeptieren. Es steht dies nicht nur im Widerspruch zum traditionellen katholischen Verständnis der Rolle des Gewissens, vielmehr stellt es eine Form der Gedankenkontrolle dar, wie es sie nicht einmal unter faschistischer und kommunistischer Herrschaft gegeben hat (Cornwell, 1999).

Und die Situation hat sich in jüngerer Vergangenheit nicht gebessert: *Im ersten Jahr seines Pontifikates widerrief Johannes Paul II. (Karol Wojtyla) die Lehrbefugnis des schweizerischen Theologen Hans Küng, der die päpstliche Unfehlbarkeit in Frage gestellt hatte. 1997 exkommunizierte Wojtyla den srilankesischen Priester und Schriftsteller Tissa Balasuriya, da er die reine Lehre Roms aufgeweicht habe: In Balasuriyas Schriften waren Zweifel aufgeworfen worden an den Lehren der Erbsünde und der Jungfräulichkeit der Mutter Gottes* (Cornwell, 1999). Im Gegensatz dazu *hat der Vatikan die Schriften Hitlers nie auf den Index gesetzt; der „Führer" durfte bis zum Ende seiner Schreckensherrschaft Mitglied der Kirche bleiben, das heißt: er wurde nie exkommuniziert* (Lewy, 2000).

In einem Interview von Mai 2002 nahm der honduranische Kardinal Oscar Rodriguez Maradiaga, der weithin als aussichtsreicher Kandidat bei der [nach Johannes Paul II.] *anstehenden Papstwahl galt, Stellung zur „Pädophiliekrise" der US-amerikanischen Kirche. Er beschuldigte die amerikanische Presse einer gegen die Kirche gerichteten „Hetzjagd" und betonte: „Nur so kann ich mir die Bösartigkeit der Angriffe gegen das Ansehen der katholischen Kirche erklären, das mich an die Zeiten Neros und Diokletians* [= christenverfolgende römische Kaiser des 1. bzw. 3. Jahrhunderts u.Z.] *erinnert, sowie aus jüngerer Vergangenheit an Hitler und Stalin." Der in Mexiko-City sitzende Kardinal Norberto Rivera Carrera wiederholte die Kommentare seines Kollegen zur US-amerikanischen Krise und sagte: „Nicht nur in den USA, auch in anderen Teilen der Welt kann man beobachten, dass es einen orchestrierten Plan gibt, gegen das Ansehen der Kirche loszuschlagen. Nicht wenige Journalisten haben mir das Bestehen solch organisierter Kampagne bestätigt* (Allen, 2004).

Der Erzbischof von Cincinnati, Daniel Pilarczyk, hatte zuvor schon die mediale Aufdeckung der Fälle sexuellen Missbrauches durch katholische Kleriker als hergeleitet aus einem „gemeinschaftlichen Rachefeldzug" gegen die Kirche bezeichnet. Father Charles Fiore, ein prominenter US-Dominikaner, behauptete unterdessen, Pädophile seien von „Linken" in die Reihen der Priester eingeschleust worden, um das Christentum auszuhöhlen. Umgekehrt drückte er seine Überzeugung aus, eine Säuberung des Landes von Kommunisten würde die Verschwörung gegen seine heilige Organisation sofort beenden (Bruni und Burkett, 2002). Und noch 2002 schaltete sich Kardinal Joseph Ratzinger, jetzt Papst Benedikt XVI., mit einer eigenen, gleichermaßen einfältigen „Verschwörungstheorie" ein, es handle sich um eine „geplante Kampagne", die Katholiken in Verruf zu bringen. *Der vatikanische Hofberichterstatter Orazio Petrosello deutete an, es gebe drei Gruppen in den USA, die solche Kampagne angeregt haben könnten: „Freimaurerlogen", „Jüdische Interessenvertreter" und „Gruppen von Freidenkern und 'free morals' wie etwa die Schwulen"* (Allen, 2004).

Aber doch sicher auch Gruppen „unreiner", weil menstruierender Frauen, oder nicht? Weshalb sich auf Schwule und Juden beschränken, wenn man verzweifelt nach Sündenböcken sucht, die man für die brutalen Vergehen innerhalb der eigenen Sippschaft und deren unentschuldbare Gleichgültigkeit dem Leid anderer gegenüber verantwortlich machen kann? Wenn ausgerechnet die katholische Kirche mit ihrer Geschichte der Kreuzzüge, der Hexenverfolgung, der Inquisition etc. sich selbst als „Opfer" vorkommt, weiß man, dass man tatsächlich in einer verrückten Welt lebt. Wenn aber „Satan" heilige Männer angreift dafür, dass sie „Gottes Werk" tun, gibt es selbstredend – wie in der „Pädophiliekrise" – eine todsichere Abwehr. O-Ton des Bostoner Kardinals

Bernard Law: *Wir rufen die Macht Gottes gegen die antikatholischen Medien herab* (in Boston Globe, 2003).

Kontrolle über das Sexualleben der Anhänger? Die Bewertung von außerehelichem Geschlechtsverkehr, von Empfängnisverhütung und Homosexualität als „Todsünden" dürfte sicher als solche gelten. *Pius XII. sorgte in einer Art hysterischer Besessenheit dafür, dass seine Verdammung jedweder Geburtenkontrolle unablässig aus Klassenzimmern und Beichtstühlen widerhallte. Empfängnisverhütung war Todsünde, wer nicht Buße tat, landete in der Hölle* (Wills, 2000). *Nicht nur oraler und analer Verkehr waren verboten, vielmehr galten jede Form der Stimulation und jede Stellung außer der „Mann-oben-Frau-unten-Position" als widernatürlich. Der Geschlechtsakt mit dem einzigen Ziel der Schwängerung hatte in nur einer bestimmten Art vollzogen zu werden* (Wills, 1972). Um gegen Gottes Gebote zu verstoßen war noch nicht einmal unzulässiger Sexvollzug erforderlich, vielmehr war *in den 1950ern allein der Umstand, dass man am Freitag Fleisch aß, als Frau ohne Schleier oder Hut zur Kirche ging oder vor der Kommunion ein Frühstück einnahm, Grund genug, im Fegefeuer zu schmoren* (in Boston Globe, 2003). Du sollst deinen Samen nicht auf den Boden fallen lassen. Und doch: *Sexforscher Dr. William Masters fand heraus, dass achtundneunzig Prozent der von ihm befragten Priester masturbierten* (Wills, 2000).

Ist das Leben der Ordinierten ganz der Organisation überantwortet? Arbeiten sie den ganzen Tag, so dass ihnen keine Zeit bleibt, die Lehren zu hinterfragen oder die Konsequenz ihres eigenen Handelns zu überdenken? Haben sie wenig Kontakt „nach draußen"? Offenkundig ja: *Die Nonnen fristeten ein minutiös geregeltes Dasein, ihr Tagesablauf war vollgestopft mit gemeinsamem Gebet, mit Andachtsübungen, Haushaltsarbeiten in Kloster und Sakristei, Unterrichtsverpflichtungen, der Vorbereitung von Kindern auf ihre Erstkommunion (oder auf Maiandacht, Firmung etc.), mit Chorproben und der Anleitung von Ministranten* (Wills, 1972).

Ständig sich wiederholender, hypnotisierender Singsang? Ja, ja, ja: *Kirchenrituale haben große Macht: sie hypnotisieren. Nicht zuletzt durch ihr Latein. Ob, wie Philologen sagen, der Begriff „Hokuspokus" abgeleitet ist von der Wandlungsformel „Hoc est enim Corpus meum"* [= Das nämlich ist mein Leib] *ist ungewiss, aber den lateinischen Phrasen, die, oftmals rhythmisiert, in Litaneien und Auflistungen der Namen irgendwelcher Heiliger vorgetragen werden, endlos wiederholt in Wechselgesängen und dreifachen Anrufungen (Sanctus, Sanctus, Sanctus), ist eine Bannkraft zueigen, die die Menschen auf nachgerade magische Weise ruhigstellt und vereinnahmt* (Wills, 1972).

Apokalyptische Glaubensvorstellungen? Lasst mich die Reiter zählen ...

Selbstredend steht es einem frei, die Kirche samt ihren Mess-, Kommunions- und Beichtveranstaltungen jederzeit zu verlassen, vorausgesetzt, man hält der indoktrinierten Phobie vor ewiger Verdammnis der Seele stand, sollte man mit nicht vergebenen „Todsünden" sterben. Unter keinen Umständen könnte man diese Organisation verlassen und glücklich und zufrieden leben, wäre irgendetwas, was man dort beigebracht bekam, wahr.

Schikane und Ächtung all jener, die es wagen, die Verdorbenheit der heiligen Kirche ans Licht zu bringen? Klar doch: *Die Familie Hanson verklagte die Diözese Phoenix wegen mutmaßlichen sexuellen Missbrauchs eines ihrer Kinder durch den örtlichen Pfarrer. Sie erhielten unverschämte Briefe, sie seien skrupellose Lügner, die mit aufgebauschten Anschuldigungen und übertriebenem Leid des Kindes hausieren gingen für ein wenig öffentlicher Aufmerksamkeit und für viel Geld. Sie erhielten belästigende Telephonanrufe um 3 Uhr morgens und anonyme Morddrohungen* (Bruni und Burkett, 2002).

Um es zusammenfassend zu sagen: je genauer man auf sogenannte „Sektenkulte" versus „etablierte Religionen" blickt, desto weniger kann man einen Unterschied ausmachen. *Wir definieren einen „Kult" als eine Gruppe, in der der Anführer unantastbar ist und als unfehlbar gilt* (Kramer und Alstad, 1993). Der insofern kaum bestehende Unterschied zeigt sich, nebenbei gesprochen, auch in Papst Johannes Paul II. ausdrücklicher Unterstützung für den mexikanischen Ordenspriester Father Maciel und seiner wegen sexueller Übergriffe auf Minderjährige in Verruf stehenden Organisation der *Leginonäre Christi.*[88]

Tim sagte nichts, als Father Jay ihn ins Badezimmer im Haus seiner Eltern führte und ihn aufforderte, ihn oral zu befriedigen... Father Jay sagte dem Jungen: „Das ist etwas nur zwischen dir und mir, etwas ganz Besonderes. Es würde Gott gefallen." Und Tim glaubte ihm (Bruni und Burkett, 2002).

Vergleichbare Sprüche wurden und werden von zahllosen Guru-Figuren benutzt, um verwirrte Schüler dazu zu bringen, mitzumachen. Wie wohl auch der vermeintlich ver-

88 Der Gründer der vor allem in Südamerika höchst einflussreichen *Legionäre Christi* (Legionarios de Cristo), Marcial Maciel Degollado (1920-2008), wurde von Johannes Paul II. verehrt und ausdrücklich gefördert. Sein Nachfolger Benedikt XVI. entfernte Maciel in einer seiner ersten Amtshandlungen als Papst aus dem Priesteramt, allerdings erst, nachdem der öffentliche Druck auf die Kirche aufgrund zahlreicher belegter Fälle der Vergewaltigung Minderjähriger durch Maciel ihn dazu zwang. Eine 1999 schon eingeleitete vatikanische Untersuchung gegen Maciel hatte er als zuständiger Kardinal im Jahre 2002 stillschweigend eingestellt. Am 1. Mai 2010 veröffentlichte der Vatikan ein Statement, in dem Maciel *post mortem* als „unmoralisch" verurteilt wurde, er habe sich „wirklicher Straftaten" schuldig gemacht und ein „skrupelloses Leben ohne echten religiösen Sinn" offenbart. Zu den *Legionären Christi*, die das Treiben Maciels jahrzehntelang geduldet und gedeckt hatten, äußerte sich das vatikanische Statement nicht.

trauenswürdige „makellose Charakter" der „Gottesmänner" dazu diente und dient: *Father Bruce Ritter galt als Amerikas Antwort auf Mutter Teresa. Wenn Father Bruce sich einem seiner Helfer im „Schutzhaus für Straßenkinder"* [= Covenant House for Street Kids] *zuwandte, beschrieben diese oft Empfindungen eines „Lichtscheins" oder „warmer Helligkeit". Vielfach richtete sich ihre religiöse Hingabe nicht nur auf Gott sondern auf Father Bruce – ein ungeheuerer Personenkult rund um den Mann, dessen Mission sie erfüllten* (Sennott, 1992). „Amerikas Antwort auf Mutter Teresa" wurde später beschuldigt, mehr als ein Dutzend Jungen in seiner Obhut „sexuell missbraucht oder bedrängt" zu haben – was er zeitlebens bestritt.[89] Andere respektierte Männer der katholischen Kirche konnten ihre Fehltritte weniger bestreiten: *Der Priester, der sich analen Geschlechtsverkehrs und oraler Sexpraktiken befleißigte, auch Gruppensex mit zwei Jungen gleichzeitig praktizierte, machte sich diese mit Marihuana gefügig* (Berry, 1992). *Annähernd zweihundert Personen gaben an, sie seien von dem (mittlerweile verstorbenen) Reverend John J. Geoghan begrabscht oder vergewaltigt worden (eine der Personen zum Tatzeitpunkt gerade einmal vier Jahre alt), und reichten in den zurückliegenden Jahren Klage gegen Geoghan und seine Vorgesetzten ein.* Expertenmeinung zufolge habe er vermutlich drei- bis viermal so viele Personen sexuell missbraucht, als sich bislang

89 *Covenant House*, begründet 1972 von dem katholischen Ordenspriester Bruce Ritter (1927-1999), ist die größte Schutzeinrichtung für obdachlose Jugendliche in Amerika. Mit Anlaufstellen in mehreren US-Bundesstaaten, in Kanada und einigen Ländern Mittelamerikas, bietet *Covenant House* Unterkunft, Gesundheitsversorgung, Ausbildungsprogramme etc. Ritter musste 1990 vor dem Hintergrund finanzieller Unregelmäßigkeiten und dem Vorwurf sexueller Übergriffe auf Jugendliche zurücktreten.

gemeldet haben.[90] Berichten zufolge wurden seit Mitte der 1980er allein in den USA wenigstens 1500 Priester aufgrund sexuellen Fehlverhaltens Minderjährigen gegenüber öffentlich angeklagt (Boston Globe, 2003); mittlerweile sind es mehr als viertausend (Zoll, 2005). Father Anthony Corbin gestand, Sex mit einem achtjährigen Jungen gehabt zu haben; er hatte sein Opfer in ein Leintuch gewickelt, so dass es Jesus auf dem Wege zur Kreuzigung gleiche (Bruni und Burkett, 2002). *Einiges, was von den katholischen „Christian Brothers" und den „Sisters of Mercy" verübt wurde,*[91] *war von derart ungeheuerlicher Verderbtheit, dass Begriffe wie „sexueller Missbrauch" viel zu schwach erscheinen, es wiederzugeben: Beispielsweise der Bericht eines Mannes, der als Junge auserkorener Liebling einiger „Christian Brothers" im australischen Tardun war, die einen Wettstreit laufen hatten, wer von ihnen den Jungen zuerst einhundertmal vergewaltigt hätte; ein Bericht von furchtbarem Schmerz, von Blut und Entsetzen* (Raftery und O'Sullivan, 2001).

Bei solcherart „Heiligkeit" und „Reinheit": Wer braucht da noch Obszönität? Bei derart gewissenlosen „Heiligen" und „Stellvertretern Gottes auf Erden": Wer braucht da noch diabolische Sünder?

---

90 Während seiner dreißigjährigen Laufbahn als römisch-katholischer Priester hat John J. Geoghan (1935-2003) in sechs verschiedenen Gemeinden der USA mehr als 130 Kinder sexuell missbraucht. Obwohl seine pädokriminellen Aktivitäten den Kirchenoberen bekannt waren, wurde er nur mehrfach versetzt (der Bostoner Kardinal Bernard Law musste deshalb zurücktreten). Letztlich wurde Geoghan zu zehn Jahren Freiheitsstrafe verurteilt; im Gefängnis wurde er von einem Mithäftling erdrosselt.

91 Die *Christian Brothers* sind ein 1802 in Irland begründeter katholischer Männerorden, der weltweit Einrichtungen der Jugendfürsorge und Jugendbildung unterhält; das Frauenpendant dazu sind die *Sisters of Mercy*, begründet 1831 ebenfalls in Irland; auch sie unterhalten weltweit zahlreiche Jugendbildungseinrichtungen.

Die an Familieninzest erinnernden Versuche, Fälle sexuellen Missbrauches durch katholische Kleriker zu vertuschen, zeigen in aller Brutalität, wie wenig die vorgeblich bestehende „gegenseitige Kontrolle“ innerhalb des Systems tatsächlich funktioniert. Das gleiche zeigen die damit einhergehenden, unsagbar gefühlskalten Versuche, die Opfer zu diskreditieren, und das komplette Sich-Verschließen der höheren Ränge des Klerus diesen gegenüber. Der Kirchenrechtler Thomas Doyle charakterisierte die Reaktion der Kirche auf die berichteten Missbrauchsfälle mithin als „Betrug, Blockadehaltung und unverhohlene Lüge den Menschen gegenüber“ (in Berry und Renner, 2004).

Auffällig gewordene Priester, selbst solche mit bekannter und ausgedehnter Geschichte sexuellen Missbrauchs, werden mit größerer Wahrscheinlichkeit einfach in eine andere Pfarrei versetzt – wenn nicht gleichzeitig befördert, bezahlterweise beurlaubt oder mit Pensionsanspruch in Rente geschickt –, als entsprechend zur Rechenschaft gezogen. Dies wurde und wird so gehandhabt, selbst nachdem den geschädigten Familien von Kirchenoberen ausdrücklich garantiert wurde, dass „spezifische und angemessene Schritte“ unternommen würden, um sicherzustellen, dass solcher Missbrauch sich nie wiederholen würde. Selbstredend wurden und werden die gegebenen Versprechen später gröblich missachtet. *Viele innerhalb der Kirche argumentierten, der Umgang der Hierarchie mit auffällig gewordenen Priestern offenbare strukturelle Probleme der Kirche: „Es ist nicht nur der einzelne Kardinal, es ist die Art, wie wir operieren... es handelt sich um strukturelle Sachverhalte. Was ist es, das uns Priester so widerwillig gemacht hat, die Stimme zu erheben, wenn etwas Schreckliches geschieht, anstatt es zu vertuschen?“* (Boston Globe, 2003).

Erstaunlicherweise sind wir selbst nach der Inquisition, nach der skrupellosen Verbrennung von Hexen auf dem Scheiterhaufen, nach all den zahllosen Heiligen Kriegen und Kreuzzügen immer noch überrascht von den Abgründen an Grausamkeit und Bösartigkeit, die sich in den vermeintlich schutzbietenden etablierten Religionen weltweit findet; geschweige denn in den potentiell gefährlichen nicht-etablierten Gruppen.

Gleichwohl ist schlechterdings nichts „neu“ an den jüngsten Skandalen der katholischen Kirche. *Als Papst Alexander VI. im Jahre 1503 Gott für den Endsieg des katholischen Spanien über die Mauren pries, tat er das nicht mit einer Messe in St. Peter, sondern mit einer Siegesfeier auf dem Platz vor der Basilika. Der Wein floss fässerweise unter den Ehrengästen, Frauen aus den elegantesten Bordellen Roms boten ihre Dienste an und Kinder wurden freizügig unter den Bischöfen und Priestern herumgereicht, um den jüngsten Triumph des Katholizismus mit einem Sex- und Saufgelage zu feiern* (Bruni und Burkett, 2002).

Wenn wir spezifisch etwas gelernt haben von der Katholischen Kirche, ist es dies, dass keinerlei Hoffnung besteht auf Fortentwicklung unserer Weltreligionen zum Besseren, wenn ihre Untaten nicht öffentlich angeprangert werden. Und selbst dann: Die Skandale, die erstmals in den späten 1980ern und frühen 1990ern ans Tageslicht gekommen waren, tauchten zur Jahrtausendwende in einer weiteren Welle an Klagen über sexuellen Missbrauch durch Kleriker erneut auf; substantiell identisch mit jenen Klagen, von denen man glauben gemacht wurde, sie seien von der ehrengeachteten Führungsetage der Kirche ein Jahrzehnt zuvor fachgerecht angegangen worden.

Und traurigerweise haben beide dieser Wellen nur gezeigt, wie die „heiligen“ Organisationen typischerweise ihre

Reihen schließen und mit Allgewalt ihre bereits gebrochenen Opfer bekämpfen, selbst noch vor Gericht; müssen sie doch zuallererst das unbefleckte öffentliche Ansehen ihrer Einrichtung schützen, durch die Gott sich so einzigartig mitteilt.[92] Umgekehrt: *Wenn es denn irgendwelche Helden gibt in dieser verkommenen Geschichte, dann sind es die Opfer, die ihre Stimme wiederfanden, ihren Mut, nach Jahren des Leidens und der Isolation an die Öffentlichkeit zu treten und zu sagen, was einer von ihnen sagte: „Dies wurde mir angetan, und es war Unrecht"* (Boston Globe, 2003).

Und es ist nicht nur Unrecht, es muss endich aufhören.

92 Der Umgang der Katholischen Kirche mit dem seit 2010 in Deutschland öffentlich bekanntgewordenen Fällen sexueller Gewalt ordinierter Priester oder Ordensangehöriger gegen Kinder zeigt das gleiche Bild: keine Spur von Einsicht oder Reue.

XXV. Kohlköpfe und Naturgeister

Findhorn

Im November 1962 ließen Peter und Eileen Caddy sich, zusammen mit ihren drei Kindern und einer Freundin namens Dorothy Maclean, nahe der Küste von Moray Firth im Nordosten Schottlands nieder. Dort lebten sie, die Straße von Aberdeen und Inverness hinunter, in einem Wohnwagen auf einem Stück Land, das der Grundstock werden sollte der *Findhorn Community.*

Zuvor war Peter Caddy (1917-1994), ein ehemaliger Luftwaffenoffizier, fünf Jahre lang seiner eigenen Guru-Figur gefolgt: einer Frau namens Sheena Golan, die zugleich auch seine erste Ehefrau war. Eileen hatte ihren eigenen Ehemann und ihre Kinder verlassen, um den beiden als Schülerin zu folgen. Kurze Zeit darauf begann sie, geplagt von Schuldgefühlen und schlechtem Gewissen, Stimmen zu hören: eine vermeintliche „Innere Führung". Was sie als Quell dieser Stimmen ansah, wird offenkundig im Titel ihres ersten Buches *God spoke to me* [= Gott sprach zu mir]. Später von ihr unternommene Channelings [= Durchsagen jenseitiger Wesen] umfassten Mitteilungen eines französischen Hofokkultisten namen Saint-Germain und des britischen Vizeadmirals Sir Francis Drake aus dem 16. Jahrhundert.

Peter und Eileen trennten sich später von Sheena und waren ab 1957 als Hotelmanager tätig. Letztlich ließen sie sich, zusammen mit Dorothy im *Findhorn Bay Caravan Park*, nahe einer Müllkippe gelegen, in besagtem Wohnwagen nieder. Im Einvernehmen mit Eileens „Innerer Führung" legten die drei Pioniere im sandigen Gestrüpp des Wohnwagenparks ab 1965 einen kleinen Garten an: *Zum Erstaunen von Fachleuten waren die Resultate phänomenal: sie brachten Pflanzen hervor, deren Vielfalt und Lebenskraft nicht auf herkömmliche Weise erklärt werden konnte* (Findhorn, 1980). Als Grund für diesen unerklärlichen Erfolg sahen sie die Fähigkeit Dorothy Macleans an, zu Pflanzen und Naturgeistern zu sprechen. Auch mit Elfen, Faunen und gar mit dem Fruchtbarkeitsgott Pan wurde kommuniziert (Ridell, 1990). Das Ergebnis all dessen waren die 40 Pfund schweren Kohlköpfe, für die die Findhorn-Community ursprünglich berühmt wurde.[93] Die US-amerikanische Wunderheilerin Barbara Ann Brennan beschreibt die entscheidenden Aspekte ihres späteren ausgedehnten Aufenthaltes in der Findhorn Community wie folgt: *Als ich da war, stand ich auf einem natürlichen Kraftort namens Randolph's Leap, einem Ort nahe Findhorn, wo die Druiden die Naturgeister verehrt und mit ihnen kommuniziert haben sollen. Ich bat darum, Zugang zu den Naturgeistern zu erhalten. Nach etwa einem Monat begann ich überall, wo ich hinging, kleine Naturgeister zu sehen. Sie folgten mir überall hin, wenn ich auf dem Anwesen herumspazierte. Sie waren immer ein wenig scheu und blieben kichernd ein paar Schritte hinter mir zurück* (Brennan, 1993).

Neben der Fortentwicklung der Community wurden hilfsweise auch Versuche unternommen, Kontakt zu UFOs und außerirdischen Wesen aufzunehmen. Anfang 1970 ka-

93 Inwieweit ins Grundwasser ausgetretene Chemikalien der nahegelegenen Müllkippe die vermutlich pathologische Hypertrophie der angebauten Pflanzen bedingten, wurde nie erforscht.

men David Spangler[94] und seine Lebensgefährtin nach Findhorn, um als weitere „Gründerfiguren" drei Jahre lang dort zu leben; sie hielten Vorträge und erteilten gechannelte Unterweisungen. Bis Ende des Jahres 1972 hatte sich die Bewohnerschaft der Community auf fünfundvierzig Personen vervielfacht. *In diesen frühen Tagen lief Peter Caddy großkotzig herum und hatte an jedem etwas auszusetzen. Es gab nichts als endlose Arbeit, von früh morgens bis spät abends. Junge begeisterte Menschen, die einem ihnen sinnentleert erscheinenden Bürgerleben in London entflohen waren, wurden von Caddy der leichtesten Abweichung von den rigiden Regeln und Strukturen der Community wegen fertiggemacht* (Hawken, 1976).

1973 öffnete der auf die sechzig zugehende Caddy sein Herz für eine junge schwedische Frau, die in der Community lebte. Eileen reagierte entsprechend, wodurch Findhorn in eine Periode großer Verunsicherung geworfen wurde. Eine weibliche Mitbewohnerin beschrieb die Mitte der 1970er in Findhorn herrschenden Verhältnisse so: *Das Energieniveau war sehr hoch. Es gab diese universelle Energie von Liebe, und plötzlich konnte es einen mit dem Partner von jemandem anderen erwischen. Da es eine Offenheit gab für alles, was Gott einem schickte, tauchten einige in solche Beziehungen ein und fanden sich dann in einem Beziehungsgewirr wieder, ohne klare Vorstellung, wie sie mit den Komplikationen umgehen sollten. Es war wie eine Epidemie, es hat die Community wahrhaft erschüttert* (Findhorn, 1980).

---

94 Der US-amerikanische Autor David Spangler (geb. 1945) wurde durch sein 1971 durch die *Findhorn Foundation* publiziertes Buch *Revelation: The Birth of a New Age* (deutsch: *New Age: Die Geburt eines neuen Zeitalters*, 1982) weithin bekannt, in dem er vorgeblich gechannelte „Mitteilungen" über ein kommendes „Neues Zeitalter" kundtat. Die ausgesprochen reaktionären „Channelings" lassen theosophischen Einfluss erkennen. Das Buch gilt als einer der wichtigsten Bausteine der New-Age-Subkultur der 1970er und 1980er Jahre.

Trotz – oder vielleicht gerade *wegen* – solcher „Liebe in Zeiten der Kohlköpfe"[95] hatte der *Findhorn Caravan Park* im Jahre 1980 bereits mehr als 300 Community-Mitglieder angezogen. Während all dessen enthüllte Eileens „Innere Führung" langsam auch die Langzeitziele der Community: *Ich möchte, dass Ihr dieses Zentrum des Lichts – sprich: Findhorn – als eine stetig wachsende Keimzelle des Lichts seht. Es begann mit einer Familiengruppe, jetzt ist es eine Gemeinschaft; es wird zu einem Dorf heranwachsen, dann zu einer Stadt und letztlich zu einer Metropole des Lichts* (Caddy, 1976).

In der ein oder anderen Form gab es ein tiefes Bewusstsein, dass das, was in Findhorn entwickelt wurde, von größter Bedeutung für die ganze Welt sei. Es hätte dieses Bewusstsein selbstredend nur Ausdruck eines aufgeblasenen Egos der Findhornianer sein können – hingegen aber auch ein äußerst gewagter und wunderbarer Vertrauensbeweis Gottes, der einen weitgesteckten Plan für die Menschheit bereithielt, der, bekanntgemacht und befolgt, in ein neues Zeitalter führen würde; und dass Findhorn eine Schlüsselrolle in diesem Plan zukomme (Caddy, 1976).

Angegliedert an die gegenwärtige *Findhorn-Community* findet sich eine eigenständige *Waldorf-Schule*, die zusätzliche „Alternativpädagogik" nach Rudolf Steiner für die dort lebenden Kinder anbietet. Steiner (1861-1925) leitete den deutschen Zweig der *Theosophischen Gesellschaft*, bevor er im Jahre 1913 angeb-

95 Der englische Begriff „cabbage" (=Kohl) wird umgangssprachlich auch für Begriffsstutzigkeit oder geistige Trägheit gebraucht. Falks ironische Wendung „love in the time of cabbages" könnte insofern auch frei übersetzt werden mit „Liebe in Zeiten mentalen Wachkomas".

licher „Regelverstöße“ wegen ausgeschlossen wurde.[96] Er begründete seine eigene *Anthroposophische Gesellschaft*, aus der heraus sich die Waldorf-Bewegung entwickelte. Guru-Kritiker Anthony Storr fasst Steiners gedankliches Format wie folgt zusammen: *Sein Glaubenssystem ist so exzentrisch, so ohne jeden Beleg, so offenkundig bizarr, dass rationale Skeptiker gar nicht anders können, als es als wahnhaft anzusehen. Sein sogenanntes Denken, seine angeblichen Kräfte übersinnlicher Wahrnehmung, führten ihn zu einer Vision der Welt, des Universums und der kosmischen Entwicklung, die nicht nur durch nichts belegt ist, sondern praktisch allem widerspricht, was moderne Physik und Astronomie entdeckt haben, und die mehr eine Art von Science Fiction darstellt als sonst etwas* (Storr, 1996).

Caddy über sich selbst: *Im Laufe der Zeit wurde es für Peter und Eileen Caddy immer deutlicher, dass sie die Speerspitze eines neuen Zeitalters seien. Sie waren Pioniere einer neuen Lebensart, die sich über die ganze Welt verbreiten und Hoffnung für die Zukunft geben würde. Menschen aus allen Ländern würden kommen, um diese neuen Wege des Lebens zu erlernen und dann zurückgehen und sie umsetzen, wo immer sie auch sein mochten. Schrittweise wurde Peter, Eileen und allen in ihrer Umgebung die Größe des Unterfangens bewusst, das sie auf sich genommen hatten. Findhorn war nichts weniger denn der anwachsende Gipfel der Menschheit*[97] (Caddy, 1976).

96 Anderen Quellen zufolge habe Steiner die *Theosophische Gesellschaft* aus eigenem Antrieb verlassen, da er eifersüchtigerweise mit der Ausrufung des jungen Jiddu Krishnamurti zum neuen „Weltenlehrer“ nicht einverstanden war. Die Doktrin der von Steiner begründeten *Anthroposophischen Gesellschaft* unterschied sich von jener der Theosophen nur marginal.

97 Caddys Begriff „tip of humanity“ lässt sich auch mit „Müllhalde der Menschheit“ übersetzen: „tip“ bedeutet in der britischen Umgangssprache mithin „site for waste disposal“.

XXVI. Geh' in ein Kloster[98]

Yogananda

Fast jeder kennt die drei kleinen Affenfiguren, die die Maxime darstellen: „Sieh' nichts Böses, hör' nichts Böses, sprich' nichts Böses." Ich betone die positive Herangehensweise: „Sieh' das Gute, hör' das Gute, sprich' das Gute." Und schmecke, rieche und fühle das Gute; denke das Gute; liebe das Gute. Lass' dich auf dem Thron im Schloss des Gutseins nieder, und deine Erinnerungen werden wie schöne Blumen sein in einem Garten vornehmer Träume (Yogananda, 1986).

Für alle zukünftigen Zeiten wird Paramahansa Yogananda als einer der allergrößten Botschafter der höheren Kultur Indiens für die neue Welt angesehen werden (W. Y. Evans-Wentz[99], in SRF, 1976).

---

98 Die originale Kapitelüberschrift „[Getting thee] ... to a Nunnery" (= Geh' in ein Kloster!) ist hergeleitet aus der Aufforderung Hamlets an Ophelia (im berühmten „Sein-oder-Nichtsein"-Akt der Tragödie [3. Akt, 1. Szene]) und nimmt ironisch Bezug auf den Umstand, dass Yogananda sich als Reinkarnation Shakespeares vorkam, in dessen Tagen der Begriff „nunnery" zugleich für Nonnenkloster wie auch für Bordell stand.

99 Der US-Kulturanthropologe Walter Yeeling Evans-Wentz (1878-1965) war Theosoph und ordinierter buddhistischer

Paramahansa Yogananda war der erste Yoga-Meister Indiens, der den größten Teil seines Lebens in den USA verbrachte. Geboren im Jahre 1893 im Nordosten Indiens, im Grenzgebiet zum Himalaya [= im damaligen Bengalen], begann Yogananda in jungen Jahren Kriya Yoga [= eine Variante des Kundalini Yoga] zu praktizieren; er traf seinen Guru Sri Yukteswar im Alter von 17 Jahren.

Im Gefolge einer prophetischen Vision und auf Geheiß Yukteswars nahm Yogananda eine Einladung an, im Herbst des Jahres 1920 auf einem „Kongress religiöser Freidenker" in Boston zu sprechen. Nach diesem erfolgreichen Debüt blieb er in den USA und begründete im Jahre 1925 die so genannte *Self-Realisation Fellowship* (SRF) samt Hauptquartier, heute als „Mutterzentrum" bezeichnet, in einem verlassenen früheren Hotel in den Hügeln oberhalb von Mount Washington im Nordosten von Los Angeles. Als „Kirche aller Religionen" sucht SRF die „allen Religionen zugrunde liegende Wahrheit" zu umfassen, mit besonderem Augenmerk auf Yoga bzw. Hinduismus und Christentum. Die Zahl der aktiven Mitglieder wird geheim gehalten, sie dürfte, vorsichtigen Schätzungen zufolge, irgendwo zwischen 25.000 und 100.000 liegen.

Der unternehmungslustige junge Yogi war die Jahre zwischen 1925 und 1936 auf Vortragsreisen quer durch die Vereinigten Staaten unterwegs, auf denen er vor stets ausverkauften Häusern die „heilige Wissenschaft" des Kriya Yoga verkündete. Nach Beendigung seiner Tätigkeit als Vortragsreisender verbrachte er in den 1940ern die meiste Zeit zurückgezogen in einer Art Einsiedelei am Strand von Encinitas nahe San Diego. In dieser Umgebung schrieb er sein Grundlagenwerk *Autobiography of a Yogi* [= Autobiographie eines Yogi], ein Dauerbestseller, der allgemein zu den

---

Mönch; er übersetzte u.a. das angeblich aus dem 8. Jahrhundert u.Z. stammende *Tibetische Totenbuch* (Bardo Thödröl) ins Englische.

hundert führenden spirituellen Büchern des 20. Jahrhunderts gezählt wird. *Yoganandas Buch wird weithin als klassische Einführung in Yoga und östliches Denken angesehen* (Dass Ram, 1990). *Wenige Bücher innerhalb der spirituellen Literatur sind mit Paramahansa Yoganandas „Autobiography of a Yogi" vergleichbar. Es ist eines dieser seltenen Werke, das schon durch einmaliges Lesen den gesamten Blick des Lesers auf das Leben zu transformieren vermag. Seit seinem ersten Erscheinen im Jahre 1946 hat das Werk nicht aufgehört, Suchende mit seinen faszinierenden Geschichten von Wundern, Heiligen und himmlischen Gefilden zu begeistern* (Lane, 1995).

„Autobiography of a Yogi" wird als Upanishad [= brahmanistische Grundlagenschrift] *des neuen Zeitalters betrachtet. Wir in Indien haben mit Erstaunen und Begeisterung die phänomenal sich ausdehnende Popularität dieses Buches über die Heiligen Indiens und die indische Philosophie verfolgt. Wir empfanden große Befriedigung und großen Stolz, dass der unsterbliche Nektar des „Sanatan Dharma" Indiens, die ewigen Gesetze der Wahrheit, aufgefangen wurde im goldenen Kelch dieses Buches* (in Ghosh, 1980).

Nicht geringen Anteil an den „Belegen", die „heilige Männer" für ihre Göttlichkeit vorweisen, haben die Wunder, die sie vollbracht haben wollen. *Yogananda behauptete in diesem Zusammenhang, er könne über Feuer laufen und ohne Nahrung leben, dass Gott aber nicht wolle, dass er solch außerordentliche Leistungen vorführe, da seine Mission darin liege, Menschen zu unterrichten und auf dem Wege von Kriya Yoga und Liebe ihre Seelen zurück zu Gott zu bringen* (Mata, 1992). Die Fähigkeit „über Feuer zu laufen", ist gleichwohl vollständig in Begriffen bekannter physikalischer Gesetze erklärbar. Tatsächlich, wie Wissenschaftler bestätigen, bedarf es keinerlei mentaler Vorbereitung im Sinne von

„Geist-ist-Materie-überlegen“ oder dergleichen. Schon in den 1930ern, also zu Lebzeiten Yoganandas, veröffentlichte das *Council for Psychical Research* [= Forschungseinrichtung der *University of London*] Berichte, denen zufolge „Feuerlauf nichts mit religiösem Glauben oder übernatürlichen Kräften“ zu tun habe. Die Forscher schrieben den Erfolg solchen Unterfangens vielmehr der „geringen Wärmeleitfähigkeit des brennenden Holzes sowie der relativ kurzen Zeitspanne des Kontaktes zwischen den heißen Kohlen und den Füßen des jeweiligen Teilnehmers“ zu (Nisbet, 2000). Yoganandas Behauptung, über Feuer laufen zu können, in aufrichtigem Glauben, es sei seine vermeintlich höherentwickelte Spiritualität, die ihm derlei „yogische Kräfte“ verleihe, und nicht etwa die Gesetzmäßigkeit der Physik, macht ihn allenfalls zum Narren, ebenso wie seine ausdrückliche Unterstützung für die vorgeblich stigmatisierte Therese Neumann[100] oder für den sogenannten „Parfüm-Heiligen“.[101] Seine behauptete Fähigkeit hingegen, seinen Pulsschlag an einem Handgelenk willentlich stoppen zu können, macht ihn – sofern man nicht geneigt ist, dies als tatsächliches parapsychologisches Phänomen anzuerkennen – zu etwas noch weit

100 Die bayerisch-katholische Dienstmagd Therese Neumann (1898-1962), bekannt als „Resl von Konnersreuth“, erlangte ab Mitte der 1920er weltweite Berühmtheit durch vorgeblich an ihrem Körper auftretende „Stigmata“ (= Wundmale Jesu Christi). Ab 1926 soll sie außer einer täglichen Hostie keinerlei Nahrung mehr zu sich genommen haben. Tatsächlich waren die „Stigmata“ psychosomatischer Ursache und/oder mehr oder minder bewusst selbst zugefügt; die behauptete Nahrungslosigkeit wurde als Täuschung entlarvt. Im Jahre 1935 besuchte Yogananda Neumann an ihrem bayerischen Wohnort.

101 Gemeint ist der bengalische Yogi Shri Vishuddhanand Paramahansdeva (1853-1937), genannt Gandhababa, dessen Körper ständig süßer Lotosduft entströmt sein soll. Yogananda war dem auch ansonsten wundertätigen Gandhababa in tiefer Verehrung zugetan.

Ärgerem. Yogananda behauptete auch, er sei die Wiedergeburt Wilhelm des Eroberers (1028-1087), der in der Lage gewesen sein soll, Skrofulose, eine Art Tuberkulose durch bloße Berührung seiner königlichen Hand zu heilen. Darüber hinaus behauptete Yogananda auch, die Reinkarnation William Shakespeares (1564-1616) zu sein.

In einem Schreiben definierte die Self-Realisation Fellowship einen „Siddha“ [sanskr. = perfekter Meister, gemeint war selbstredend Yogananda] *als jemanden, der „bedingungslos eins ist mit Gott, der teilhat an allen Eigenschaften Gottes, einschließlich jener der Allwissenheit, der Allgegenwart und der Allmacht“* (Rawlinson, 1997). Solche Wesen begingen auch niemals einen Fehler. Yogananda selbst bestätigte dies grundsätzlich: *Das Handeln des wahren Meisters, gleichwohl dem Laienvolke nicht leicht verständlich, ist immer von Weisheit geleitet, niemals von Launenhaftigkeit* (in Kriyananda, 1979). Und: *Das Wort des Meisters kann nicht widerlegt werden; was er sagt ist nicht leichtfertig dahergeredet* (Yogananda, 1946).

Mit Blick auf „Fehler“ und dergleichen in Yoganandas eigenem Leben ist gleichwohl festzuhalten: In der Ausgabe Februar 1934 des von der *Self-Realisation Fellowship* herausgegebenen Magazins *East-West* pries er den italienischen Faschistenführer Mussolini als „Genie“, von Gott auf die Erde entsandt, um der Menschheit als Vorbild zu dienen. Bezeichnenderweise fand sich in einer früheren Ausgabe von *East-West* (von 1927) ein eigens belobigter Artikel von Mussolini selbst zum Thema „Wissenschaft und Religion“. Dass ein Guru mit einem totalitären Diktator sympathisiert, sollte nun nicht wirklich überraschen: Tatsächlich gibt es nur sehr geringe Unterschiede zwischen den beiden Positionen. (Interessanterweise sprach auch Papst Pius XI. von Mussolini als einem „Mann, den die Vorsehung geschickt hat" [Cornwell, 1999]). Letztlich dienen Exkommunikation oder die Drohung mit ewiger Verdammnis bei Abtrünnigkeit ebenso der Unterdrückung abweichender oder unabhängiger Sichtweisen sowie dem Erhalt der Privilegien jener, die an der Macht sind, wie das bei politisch motivierten Morden und blutigen Säuberungsaktionen der Fall ist.

Ironischerweise kam vermutlich noch nie jemand über ein Bordell in eine Irrenanstalt. Das gleiche kann von den Klöstern dieser Welt samt ihren Guru-Figuren allerdings nicht gesagt werden. Tatsächlich haben diese mehr als nur einen ernsthaft Suchenden durch Schaffung psychologischer Abhängigkeiten, durch „spirituell-inzestuösen" sexuellen Missbrauch, durch geistesverkrüppelnde Lebensverneinung und anderes mehr in klinische Depression oder in den schieren Wahnsinn getrieben. Alles im „Namen Gottes" und vorgeblich zum „Wohlergehen aller fühlenden Wesen".

Yogananda „löste seine irdische Verstrickung"[102] zum letzten Mal – das heißt: er betrat Mahasamadhi [sanskr. = Zustand nach Verlassen des physischen Körpers] – im Jahre 1952. Unmittelbar anschließend, wie die *Self-Realisation Fellowship* seither behauptet, habe sein unbewohnter Körper begonnen, „göttliche Nichtverwesung" zu zeigen. *Eine nota-*

102 Die originale Formulierung „Yogananda 'shuffeld off the mortal coil'" bezieht sich ironisch auf Hamlets „Sein-oder-Nichtsein"-Rede (3. Akt, 1. Szene): „What dreames may come, When we haue shufflel'd off this mortall coile, Must giue vs pawse" (Was in dem Schlaf für Träume kommen mögen, Wenn wir die irdische Verstrickung lösten, Das zwingt uns stillzustehn). Wie angeführt kam Yogananda sich als Wiedergeburt Shakespeares vor.

riell beglaubigte Erklärung des Direktors des „Forest Lawn Memorial Park Cemetery“ [= Prominentenfriedhof nahe Los Angeles, auf dem Yogananda bestattet wurde] *bezeugte: „Selbst zwanzig Tage nach seinem Tod war kein physischer Zerfall seines Körpers zu sehen. Dieser Zustand perfekter Erhaltung eines toten Körpers ist nach allem, was wir aus den Annalen des Bestattungswesen wissen, ohne jede Parallele. Yoganandas Körper war augenscheinlich in einem phänomenalen Zustand von Unverwesbarkeit“* (in Yogananda, 1998).

XXVII. Gurus und Gefangene

Wie wir gesehen haben, treten in den spirituellen Gemeinschaften weltweit zahlreiche nahezu identische Probleme auf; und zwar unabhängig von den jeweils vertretenen Glaubensüberzeugungen und unabhängig davon, zu welcher Zeit und an welchem Ort der jeweilige Anführer beziehungsweise seine Gefolgschaft unterwegs sind.

Weshalb ist das so?

> Einige Antworten darauf dürften in der weithin bekannten Untersuchung Philip Zimbardos zu finden sein, die dieser in den frühen 1970ern an der *Stanford-University* durchführte. Zimbardo – später Präsident der *American Psychological Association* – war ohne es zu wollen imstande gewesen, eine Gruppe gesunder, intelligenter, normalbürgerlicher Menschen im College-Alter in weniger als einer Woche in „angstbesetzte, deprimierte, neurotische, selbstmordgefährdete Schatten ihrer selbst“ zu verwandeln. Er tat dies, indem er ihnen per Zufallsprinzip (über das Werfen einer Münze) die Rolle von Wärtern bzw. Gefangenen in einem simulierten Gefängnissetting zuwies: *Alle wussten, dass es sich nur um ein Experiment handelte.*
>
> Die zwölf Wärter erhielten keinerlei spezifische Anweisung, vielmehr wurde ihnen gestattet, in einem bestimm-

ten Rahmen ihre eigenen „Regeln“ zur „Aufrechterhaltung von Recht und Gesetz“ innerhalb des Gefängnisses zu schaffen und „von den Gefangenen Respekt zu verlangen“ (Zimbardo, 2004). Jedem der ebenfalls zwölf Gefangenen war zu Beginn eine Nummer anstelle des Namens zugewiesen worden. Es wurde ausschließlich über diese Nummer auf ihn Bezug genommen, als taktische Maßnahme, ihm ein Gefühl der Anonymität zu geben und ihn von seiner bisherigen Identität zu dissoziieren. Das heißt, er sollte seine Vergangenheit nicht als Verhaltensleitlinie oder als Vergleichsmaßstab, wie angemessen mit ihm umzugehen sei, zur Verfügung haben.

Mönche und *Sannyasin* sind üblicherweise einem ähnlichen Namenswechsel unterworfen. In Rajneeshs Ashram etwa wurde dies oftmals innerhalb weniger Tage umgesetzt, selbst für Besucher, die keinen längerfristigen Aufenthalt planten. Uniformierung – in Rajneeshs Fall die safranfarbene Kleidung seiner Anhänger – hat denselben Effekt der Entpersonalisierung des Einzelnen.

Nach einer kurzen Rebellion am zweiten Tag der Inhaftierung in Stanford war die Solidarität der Gefangenen untereinander gebrochen. Dies wurde erreicht über die psychologische Taktik der Einrichtung einer „Privilegzelle“ für „gute Gefangene“, deren Insassen Freiheiten zugestanden wurden, die die Insassen der anderen Zellen nicht hatten.

In vergleichbarer Weise erhalten in Ashrams oftmals jene Anhänger, die den Regeln des Gurus oder sonstig Übergeordneter am ergebensten Folge leisten, privilegierte Unterkunft oder auch bevorzugten Zugang zur Guru-Figur.

Um den Willen der Gefangenen zu brechen, griffen Zimbardos Wärter zu Formen der Demütigung (allerdings ohne Einsatz körperlicher Gewalt).

In Ashrams werden vergleichbare Demütigungstechniken eingesetzt, in der erklärten Absicht, das „unspirituelle Ego“

des Anhängers zu töten. Tatsächlich töten sie zugleich den eng damit verwandten individuellen Willen, sprich: Selbstwertgefühl und Unabhängigkeit.

> Nach ein paar Tagen gab es in dem simulierten Gefängnis eine „Bewährungsanhörung“, bei der die Gefangenen die Möglichkeit erhielten, entlassen zu werden, wenn sie im Gegenzug auf das Geld verzichteten, das ihnen für die Teilnahme an dem Experiment in Aussicht gestellt worden war. Die meisten ließen sich auf diesen Handel ein, kehrten dann aber in ihre Zellen zurück, während der „Bewährungsausschuss über ihr Gesuch beriet“. Sie zeigten dieses Verhalten trotz des Umstandes, dass sie bei simplem Abbruch des Experiments genau das gleiche finanzielle Resultat erzielt hätten.
> Warum hatten sie sich so verhalten?
> Zimbardos Erklärung zufolge lag der Grund darin, dass sie sich „ohnmächtig zu Widerstand“ fühlten, gefangen in einem psychologischen Gefängnis, das sie nicht ohne Erlaubnis der zuständigen Autoritäten verlassen konnten.

Wenn ein Anhänger nach langem Aufenthalt in einem Ashram den Versuch unternimmt, diesen zu verlassen oder die Bindung zu seinem „göttlich inspirierten Guru“ zu lösen, hat er oftmals jahrelang die Rolle des „Gefangenen“ gespielt. Nachdem er so viel in den Glauben an diese Rolle investiert hat, kann er nicht weggehen ohne die Erlaubnis oder den Segen des Gurus. *Wenn Sektenkultführer der Öffentlichkeit erzählen, die Mitglieder des jeweiligen Kults könnten jederzeit weggehen, die Tür stehe immer offen, erwecken sie den Eindruck, diese verfügten über einen freien Willen und hätten einfach beschlossen, dazubleiben. Tatsächlich werden die Mitglieder indoktriniert, irrationale Angst vor der „Welt da draußen“ zu empfinden, und haben insofern keine freie Wahl: Dergestalt induzierte Ängste unterlaufen jede Chance, sich womöglich dazu zu entschließen, die Gruppe zu verlas-*

sen, weil man darin unglücklich ist oder weil man anderes tun möchte (Hassan, 1990).

Jim Jones[103] *hielt abweichlerische Gedanken innerhalb seiner Organisation unter Kontrolle, indem er uns warnte, ein Verlassen der Kirche zöge unweigerlich schlechtes Karma nach sich. Er gemahnte uns in seinen Predigten, dass wir, die wir uns entschlossen hätten hier zu sein, hier wären, weil wir uns an der Schwelle zu einer höheren Ebene des Bewusstseins befänden. Ohne seine Hilfe könnten wir es aber nicht schaffen. Diejenigen, die weggingen oder die „gemeinsame Sache" in irgendeiner Weise betrögen, würden in der niedrigsten Lebensform* [= als Amöben] *wiedergeboren werden, und es würde hunderttausend Jahre dauern, bis sie wieder an den jetzigen Punkt kämen* (Layton, 1998).

Anhänger irgendwelcher Kulte verlieben sich oftmals in ihre Gurus, obgleich diese auf lange Sicht nichts anderes tun, als sie unglücklich zu machen. Die einseitigen Versuche beim Zusammenbruch der Beziehung, die dieser innewohnenden emotionalen Co-Abhängigkeiten zu entwirren, üben noch sehr viel größere Zwänge auf den zweifelnden Schüler aus, als dies bei der Beendigung jeder sonstigen Liebesbeziehung der Fall wäre. Es ist insofern alles andere als leicht, „einfach wegzugehen". In der Tat wird solches Aufgeben der Guru-Beziehung nicht nur als normales Ende einer Verliebtheit verstanden – ein misslicher Zustand, für den es gleichwohl einfache Gegenmittel gibt –, vielmehr hat der Betroffene mit dem Schuldgefühl zu kämpfen, dem gottgleichen Guru gegenüber treuebrüchig geworden zu sein sowie der Angst vor den – möglicherweise mehrere Inkarnationen umfassenden –

103 Jim Jones (1931-1978) war Gründer und Anführer des Sektenkults *Peoples Temple.* 1978 kam er, zusammen mit etwa 900 seiner Anhänger, im Sektenhauptquartier Jonestown im Urwald von Guyana durch kollektiven Selbstmord zu Tode.

negativen Konsequenzen, die das „Verlassen des spirituellen Pfades“ vermeintlich bedeuten.

Die meisten Mitglieder eines Psychokults fühlen sich die ersten paar Monate, nachdem sie diesen verlassen haben, depressiv. Einige vergleichen die Erfahrung damit, sich Hals-über-Kopf verliebt zu haben, nur um zu entdecken, dass der Geliebte zwei Gesichter aufweist und sie nur benutzt hat. Andere vergleichen das Ganze mit einer „spirituellen Vergewaltigung ihrer Seele“. Solange der Glaube an einen Guru besteht, wird jedes vernünftige Urteilsvermögen außer Kraft gesetzt. Schüler, die sich einem Guru hingegeben haben, sind ebenso unerreichbar für Vernunft wie frisch Verliebte. Wer sich einem Guru als Schüler anschließt, verfällt diesem, ohne letztlich zwischen Schlacke und Gold unterscheiden zu können. Der Prozess ist der gleiche wie beim „Sich-Verlieben“ oder wie beim Auftreten von „Übertragung“ in der Psychotherapie. Niemand ist immun gegen dieses Phänomen (Storr, 1996).

Ich stellte Bhagwans Forderung nach absoluter Hingabe niemals in Frage. Wenn man jemandem in Liebe zugetan ist, gibt man sich freudig und bereitwillig hin. Erst wenn die Liebesbeziehung zu Ende geht, bemerkt man die Dickbäuchigkeit des Gurus und seine herabhängenden Mundwinkel; man bemerkt seine Grausamkeit und Gleichgültigkeit, und Argwohn kriecht in die Seele (Franklin, 1992). *Aus einer bestimmten Perspektive besehen war meine Zeit mit Andrew Cohen eine vermurkste Liebesbeziehung* (van der Braak, 2003).

Es mag schwer genug sein, einen geliebten Partner zu verlassen, der zu Zeiten der Mittelpunkt des eigenen Lebens war, auf den man sich verlassen konnte selbst dann, wenn sonst niemand für einen da war. Man stelle sich vor, um wie viel schwerer es sein dürfte, einen „Gott“ zu verlassen, egal wie viel Kummer einem dieser im täglichen Leben bereitet haben mag. *Ich kann das Ausmaß des Schmerzes nicht beschreiben, das ich bei dem Gedanken verspürte, dass der, den ich so uneingeschränkt geliebt hatte* [= Sun Myung Moon], *vielleicht weniger war, als ein Gott sein sollte* (Underwood und Underwood, 1979).

Angesichts all dessen ist es nicht sehr überraschend, dass zahllose vormalige Mönche zugaben, in ihren Ashram- bzw. Gefängniszellen depressiv und selbstmordgefährdet gewesen zu sein. Kultanhänger, die nach langem Durchforschen ihrer Seele einen Ashram verließen, um ein ursprünglich versprochenes lebenslanges Bleiben zu beenden, können regelmäßig auf einen „Schlimmer-kann-es-nicht-mehr-kommen"-Vorfall hinweisen, der sie endlich zu Sinnen kommen und erkennen ließ, dass einfach wegzugehen anstatt sich das Leben zu nehmen, eine allemal zu bevorzugende Option sei.

Es sind in der Tat die relativ eigenverantwortlichsten Kultanhänger, die den Ashram höchstwahrscheinlich bald wieder verlassen. Sie finden am schnellsten heraus, dass sie sich im Interesse ihrer geistigen und körperlichen Gesundheit schnellstmöglich aus dem Staub machen müssen. Die Eigenverantwortlichen und Integren verflüchtigen sich deshalb aus dem Ashram-Milieu; folglich nimmt im Laufe der Zeit die Verdichtung an Gestörtheit und geistiger Unweltverschmutzung stetig zu. Und die langfristig Unselbständigen und Gehorsamen werden auf den Status von Wachleuten angehoben oder in den „Inneren Zirkel" der Kultgemeinschaft aufgenommen und können nun Gehorsam und Respekt von all jenen verlangen, die unter ihnen stehen.

Alle Teilnehmer in Zimbardos Studie glaubten, genau zu wissen, worauf sie sich einließen. Sie hatten sogar eigene Einverständniserklärungen unterzeichnet, nachdem sie umfassend über das Wesen der Studie informiert worden waren (Zimbardo, 2004). In der Rolle der Gefangenen erwarteten sie ausdrücklich, nur beschränkte oder gar keine Privatsphäre zu haben, unter ständiger Beobachtung zu stehen und in ihren Grundrechten beschnitten zu sein (Haney et al., 1973). Gleichwohl half dieses Wissen den Gefangenen überhaupt nichts, wenn sie mit den gelangweilten und respekteinfordernden Wärtern konfrontiert waren. Es fiel ihnen dadurch auch nicht leichter, die Szenerie „einfach zu verlassen“ oder der Behandlung, die sie seitens der „Autoritätspersonen“ erfuhren, wenigstens zu widersprechen: *Innerhalb weniger Tage war ein Drittel der Wärter zu Sadisten geworden, die Gefangenen wurden depressiv und zeigten Anzeichen von extremem Stress* (Zimbardo, 2004).

Ungeachtet relativ harmloser Anfänge des Experiments endeten Zimbardos Wärter an einem Punkt, an dem sie Schlafentzug verhängten und selbst die Toilettenaktivitäten der Gefangenen sowie ihre Nahrungsaufnahme kontrollierten, bis hin, in wenigstens einem Fall, zu Zwangsernährung. Sie zeigten diese sadistischen und kontrollierenden Verhaltensweisen nicht, weil ihnen das jemand so gesagt hätte, vielmehr entwickelten sie diese Methoden der Kontrollausübung aus sich selbst heraus. In anderen Worten: sie machten das nicht auf Anordnung einer Autoritätsfigur hin, sondern einfach deshalb, weil es erlaubt war.

Gegen Ende der Studie hatten vier der zwölf Gefangenen Zustände derart „extremer emotionaler Depression mit Weinkrämpfen, Tobsuchts- und akuten Angstanfällen“ durchgemacht, dass sie in ihrem eigenen Interesse aus der Studie genommen werden mussten. Zwei der Gefangenen entwickelten psychosomatische Ekzeme an Teilen ihres Körpers (Haney et al., 1973). *Die Gefangenen, die besser mit der Situation zurecht kamen, waren jene, die stumpfsinnig den Anordnungen der Wärter Folge leisteten und diesen erlaubten, sie mit jedem Tag immer noch unmenschlicher zu behandeln und zu demütigen* (Zimbardo, 2004b).

Das erschütternde Faszinosum des Experiments liegt in weiten Teilen in der Erkenntnis, dass aus jedem Einzelnen ein brutaler Menschenschinder werden kann, wenn er nur die Möglichkeit dazu erhält. „Diese Typen waren allesamt Pazifisten", so Zimbardo in Rückblick auf die Studenten, die als Wärter ausgewählt worden waren: „Sie führten sich aber auf wie Nazis. Man sieht, wie leicht es ist, dass gute Menschen zu Akteuren des Bösen werden." (Alexander, 2001)

Vorübergehend in psychiatrischen Einrichtungen untergebrachte Menschen haben mit Unbehagen beobachtet, wie leicht sie Gefallen daran zu finden begannen, dass alle Entscheidungen für sie getroffen wurden – wann sie zu essen, wann zu baden, wann zu schlafen hatten etc.

Es wäre naiv zu glauben, dass eine vergleichbare Dynamik nicht auch auf einen wesentlichen Teil der Mitglieder von Ashram-Einrichtungen weltweit zuträfe. Auch dort werden die praktischen Entscheidungen von den Regeln der Gemeinschaft getroffen, die moralischen oder metaphysischen von der jeweiligen Guru-Figur. Mit oder ohne „Energieflüsse" und „Glückseligkeitsübertragungen": Der Verzicht auf Unabhängigkeit ist für viele viel zu attraktiv und stellt insofern ein erhebliches Zusatzhindernis dar im Bestreben, in die „wirkliche Welt" zurückzukehren. In dieser nämlich muss man eigene Entscheidungen treffen und Verantwortung für deren Folgen tragen. In einem Ashram hingegen wird das Abgeben der eigenen Entscheidungsbefugnis an andere als Zeichen von Loyalität und spirituellem Wachstum, sprich: von „Minderung des Egos", gewertet und entsprechend belohnt.

Sobald man sich Klarheit über die Regeln und Rituale verschafft hat, ist es ganz leicht: nichts entscheiden, nichts planen. nichts auf die Reihe bringen zu müssen. Wie viel anstrengender ist es doch, eigenständig zu leben (Boehm, 1996). *Alle täglichen Bedürfnisse werden abgedeckt – Nahrung, Kleidung, Unterkunft –, es gibt für das einzelne Mitglied nur noch sehr wenige selbst zu treffende Entscheidungen* (Lalich, 2004). *Es gibt Menschen, die freiwillig einer totalitären Einrichtung beitreten und in der Folge ihre Fähigkeit verlieren – zu ihrem Leidwesen –, wichtige Entscheidungen selbst treffen zu können. In anderen Fällen, vor allem, wenn es um religiöse Einrichtungen geht, können Mitglieder ein vorsätzliches Verlangen danach entwickeln und aufrechterhalten, von jedem persönlichen Willen befreit und geläutert zu werden* (Goffman, 1961). *Jetsunmas*[104] *Telephonnummer war nicht erfragbar und wurde selbst den meisten ihrer Anhänger gegenüber geheimgehalten. „Ansonsten", wie sie später erklärte, „würden mich die Leute den ganzen Tag anrufen und fragen, welches Frühstücksmüsli sie sich heute zubreiten sollen"* (Sherrill, 2000) .

Selbstredend ist solch seelenverkrüppelnde Co-Abhängigkeit[105] keine Einbahnstraße. Jetsunma, Andrew Cohen, Chögyam Trungpa und die vielen anderen Gurus unterwerfen das persönliche Leben ihrer Anhänger strenger Kontrolle. Diese Bevormundung umfasst typischerweise das angeordnete Herstellen von Partnerbeziehungen innerhalb der Anhängerschaft wie auch deren Beendigung, desgleichen die

---

104 Jetsunma Ahkon Lhamo (eigentlich: Alyce Louise Zeoli, geb. 1949 in Brooklyn) ist die erste westliche Frau, die als wiedergeborener Lama (der Nyingma-Sekte) des tibetischen Buddhismus anerkannt ist; sie firmiert als Oberhaupt mehrerer buddhistischer Zentren in den USA.

105 Co-Abhängigkeit bedeutet hier, dass Kultanhänger durch ihr Verhalten der Macht- und Größensucht ihres Gurus Vorschub leisten.

„Empfehlung", welche Paare Kinder haben sollten und welche nicht, etc.

Als loyaler Anhänger nimmt man die Behauptungen des Gurus hinsichtlich seiner „Erleuchtung" ernst, auch dass seine Lehren den kürzesten Weg darstellen, die eigenen Sorgen in Glückseligkeit oder eine der sonstigen Varianten von Erleuchtung umzuwandeln. Welche Wahlmöglichkeit bleibt einem da, außer dem „gottgegebenen" Ratschluss zu folgen, ungeachtet dessen, wie offenkundig wichtigtuerisch und zwanghaft Macht ausüben wollend das alles sein mag. Wer oder was sonst als das „Ego" sollte da Widerstand leisten wollen? Wenn „Gott" einem aufträgt, etwas zu tun, dann tut man es, nicht wahr?

Derlei Hingabebereitschaft führt einen dazu, sich umso bereitwilliger in die Lehren des Gurus hineinzuvertiefen, was mit zwangsläufiger Abkehr von Schriften oder Nachrichten einhergeht, die „von außerhalb" kommen. In solchem Szenario wird man vermutlich gleichermaßen bereitwillig Beziehungen zu Familienangehörigen und Freunden außerhalb des Ashrams fallen lassen, wenn Abwehr oder Mangel an Verständnis seitens dieser Außenstehenden als Beeinträchtigung der eigenen spirituellen Suche empfunden wird. Umgekehrt werden auch diese einen gleichermaßen schnell fallen lassen, sollten ihnen die Glaubensvorstellungen und Aktivitäten, denen man neuerdings anhängt, zu verquer vorkommen, als dass sie damit leben könnten.

All dies folgt geradewegs aus dem simplen Anpassungsleitsatz: „Füge dich ein oder du fliegst raus!" Und dieser Satz findet seine Anwendung bei den Mitgliedern der heterogenen Gesellschaft außerhalb der Ashram-Tore genauso wie innerhalb der Tore bei den Mitgliedern des jeweiligen homogenen Glaubenskults: *Der Anpassungsdruck in Heavens's Gate*[106]

---

106 Die UFO-gläubige Sekte *Heaven's Gate* wurde von dem US-Prediger Marshall Applewhite (geb. 1931) und seiner Lebensgefährtin Bonnie Nettles (geb. 1927) in den 1970ern gegründet. Während des Erscheinens des Kometen Hale-Bopp im

war sehr stark, unterschied sich aber in gewisser Weise gar nicht so sehr von den Anpassungsnormen, wie man sie quer durch die US-Gesellschaft findet. Die Besonderheiten der Heaven's Gate-Konformität – Ideen, äußeres Erscheinungsbild, Sprache, Fügsamkeit den Sektenführern gegenüber – mögen dem Außenstehenden merkwürdig vorgekommen sein, aber solche Konformität gibt es um sich greifend allenthalben, wenn Bürger etwa zusammenströmen, um die aktuellste Mode oder irgendeinen angesagten Artikel zu kaufen, oder wenn sie devot vor ihrem Chef buckeln. Es ist diese völlige Normalität des Verhaltens, die es den Anhängern von Heaven's Gate so leicht machte, den Plänen der Sektenführer zu folgen (Lalich, 2004).

Von den Agrargesellschaften des Osten hin zu den postmodernen Gesellschaften des Westens haben sich in der ganzen Bandbreite an Kulturen so verschiedenartige „spirituelle Pfade" herausgebildet wie Katholizismus, Tibetischer Buddhismus oder Paramahansa Yoganandas *Self-Realisation Fellowship* usw. Gleichwohl sind diese unterschiedlichen Pfade kaum voneinander unterscheidbar hinsichtlich ihrer Machtstrukturen, des Verhaltens ihrer Mitglieder, der Strafen für ein Verlassen des Pfades und der seelenzersetzenden Grausamkeiten denen gegenüber, die dabeibleiben. Und es dürfte angesichts all dessen mittlerweile auch klar geworden sein, dass die Probleme dieser spirituellen Gemeinschaften nicht nur systemimmanent sind, sondern dass die Strukturen selbst, die die besagten Missstände bedingen, prinzipiell unvermeidbar sind.

Jahre 1997 nahmen sich 38 Sektenmitglieder, einschließlich Applewhite und Nettles selbst, das Leben, davon überzeugt, ihre Seelen würden zu einem Raumschiff aufsteigen, das hinter dem Kometen auf sie wartete.

Die Probleme, wie man sieht, sind insofern weit weniger ein paar „faulen Äpfeln" zuzuschreiben, als vielmehr den Umständen, unter denen die Äpfel aufbewahrt werden. *Laut Zimbardo sind Gefängnisse (und andere autoritäre Einrichtungen wie Ashrams), in denen die Macht so ungleich verteilt ist, tendenziell brutale und Misshandlungen fördernde Orte, solange nicht große Anstrengungen unternommen werden, die niederen Impulse der Wärter unter Kontrolle zu bringen. Mit Blick auf das Experiment in Stanford und auf den Irak, sprich: das US-Foltergefängnis von Abu Ghraib, fügte er hinzu: „Es ist nicht so, dass wir faule Äpfel in eine gute Obstkiste legen. Wir legen gute Äpfel in eine verrottete Obstkiste. Die Obstkiste selbst verdirbt alles, womit sie in Berührung kommt"* (J. Schwartz, 2004).

In Abu Ghraib war den Wärtern zugestanden worden, zu tun, was immer ihnen erforderlich erschien, „Recht und Ordnung" innerhalb des Gefängnisses aufrechtzuerhalten – eine Anweisung, die komplett jener entspricht, die Zimbardos Wärter erhielten.

Nahezu durchgängig fehlt in den spirituellen Kommunen weltweit ein wirksames System zur Kontrolle der jeweiligen Anführer, das ihre Ausübung „göttlicher" Macht einschränken könnte; und zwar nicht nur hinsichtlich ihres Auslebens niederer – sadistischer oder sexueller – Impulse, sondern auch hinsichtlich ihres an George Orwells *Animal Farm* gemahnenden Umformulierens der Grundsätze, auf denen die Kommune ursprünglich aufgebaut wurde.[107]

Strenge Unterwürfigkeit tritt in spirituellen Kommunen selbst dann auf, wenn alle unterhalb des „Alpha-Weisen"

---

107 In George Orwells Roman *Animal Farm* von 1945 wehren sich die Tiere einer englischen Farm gegen die Ausbeuterherrschaft des Farmers. Nach anfänglichen Erfolgen der Revolution übernehmen die Schweine die Führung und errichten, zusammen mit dem zurückgekehrten Farmer, eine weit schlimmere Unterdrückungs- und Gewaltherrschaft, als die vorherige es je war.

glauben, sie könnten eines Tages selbst dessen erhabenen Grad an Weisheit oder spiritueller Selbstverwirklichung erlangen. Es gilt als nicht unwesentliches Mittel zur Erlangung dieser erleuchteten Weisheit, sich „vorübergehend" deren Manifestation in Gestalt des Gurus zu unterwerfen. Umgekehrt bedeutet jedes Infragestellen dessen „göttlicher" Weisheit, die eine oder andere Form von Verdammnis innerhalb der Kommune erleiden zu müssen, während fragloser Gehorsam die eigene Erlösung garantiert. *Ramakrishna tadelte einmal einen nichtsahnenden jungen Mann, der sich weigerte, dem Meister nach dessen Toilettengang die Füße zu waschen: „Wenn ich im Stehen pisse und mich dabei anpisse, müsst ihr Scheißkerle mir mit Freundentänzen die Füße waschen. Ihr müsst meinen Befehlen Folge leisten für euer eigenes Wohl"* (Sil, 1998).

In entsprechenden Worten äußerte sich auch Baba Upanasi[108], der altem vedischem Brauch gemäß mit nicht weniger als fünfundzwanzig jungfräulichen Mädchen verheiratet war: *Es ist niemals Sache des Schülers, das von Satpurusha, dem gottverwirklichten Menschen, Gesprochene zu bezweifeln oder in irgendeiner Weise auszudeuten. Er kann die wahre Bedeutung des von diesem Gesagten oder Getanen niemals begreifen, da seine Überlegungen und Gedanken niemals in der Lage sind, die Gedanken und das Handeln des Gurus zu ergründen* (Baba Upasani, 1978).

Ein vergleichbar bedenklicher Ratschluss findet sich in der tibetisch-buddhistischen Tradition: *Ein mutiger Schüler, der gewappnet ist mit der Entschlossenheit, seinen Lehrer* [= Lama] *niemals zu verstimmen, selbst wenn es ihn das Leben kosten sollte, der geistig so ausgeglichen ist, dass er von unmittelbaren Umständen niemals aus dem Gleichgewicht gebracht wird, der seinem Lehrer ohne Rücksicht auf sei-*

108 Shri Upasani Baba Maharaj (1870-1941) zählte zu den berühmtesten Gurus und Wunderheiligen seiner Zeit; er unterhielt einen bis heute existierenden Ashram in Sakori (im heutigen indischen Bundesstaat Maharashtra).

ne eigene Gesundheit oder sein Überleben dient und jede Anweisung befolgt, ohne sich selbst zu schonen – solch ein Schüler wird allein durch seine Hingabe zur Befreiung aus dem leidvollen Kreislauf der Wiedergeburten finden (Rinpoche Patrul, 1998).

Die Hingabe an einen Guru [= Lama] *umfasst sowohl dein Denken als auch dein Tun. Das Wichtigste ist, die totale Überzeugung zu entwickeln, dass dein Guru ein Buddha ist. Wenn du die Kompetenz deines Gurus anzweifelst und seine Fähigkeit, dich anzuleiten, werden deine spirituellen Praktiken sehr unbeständig sein und du wirst keinen greifbaren Fortschritt erzielen. Wenn dein Guru sich in scheinbar unerleuchteter Manier verhält und du das Gefühl bekommst, es sei heuchlerisch, in ihm einen Buddha zu sehen, solltest du dich daran erinnern, dass deine eigenen Ansichten unzuverlässig und die scheinbaren Fehler des Gurus möglicherweise nur die Widerspiegelung deines eigenen verblendeten Geisteszustandes sind. Zudem solltest du bedenken, dass dein Guru, wenn er sich in absolut vollkommener Weise verhielte, für dich unerreichbar wäre und du nicht zu ihm in Beziehung treten könntest. Deshalb ist es ein Ausdruck seines großen Mitgefühls, dass er den Eindruck erweckt, mit Mängeln behaftet zu sein. Dies ist im Zusammenhang der Anwendung hilfreicher Methoden zu sehen, die er benutzt, um dich zu unterweisen. Er spiegelt deine eigenen Fehler wider* (Berzin, 1978).

All dies ist selbstredend nichts anderes als manipulativer Nonsens zum Zwecke des Machterhalts, präsentiert im Gewande von Spiritualität.

Zimbardo, um es zu wiederholen, nahm zwei Dutzend völlig normale, körperlich und geistig gesunde junge Menschen im College-Alter und sperrte sie – Einverständnis und Freiwilligkeit jedes Einzelnen gegeben – in ein geschlossenes Sozialmilieu. Er unterteilte die Gruppe in Wärter und Gefangene und gab den Übergeordneten die simple Anweisung, für Gehorsam und Respekt bei den Untergebenen zu sorgen. Er selbst führte sich nicht als numinose Autorität ein, auch gab es von seiner Seite aus keinerlei merkwürdige Glaubenssätze oder Behauptungen über eine etwaige Göttlichkeit seiner Person. Es gab auch keinerlei Strafandrohung für vorzeitiges Verlassen des Experiments, außer dem Verlust des Entgeltes, das nur für die Teilnahme bis zum Schluss zugesichert war. Gleichwohl entwickelten sich binnen sechs Tagen – und ohne dass dies beabsichtigt gewesen wäre – Verhaltensweisen innerhalb der beiden „Klassen" an Teilnehmern, die sich in nichts unterschieden von jenen, die man in jedem Ashram und jedem so genannten Sektenkult finden kann.

Es ist also nicht *per se* die numinose Autorität des Gurus, die Probleme hervorruft, auch nicht sein „Charisma" oder sein „göttlicher" Status, vielmehr sind die Probleme der Machtstruktur jeder in sich abgeschlossenen hierarchischen Gemeinschaft innewohnend. Sitzt ein „unfehlbarer Gottesmann" am Steuer, ist es zweifellos schwieriger, Anordnungen nicht Folge zu leisten oder wegzugehen, aber selbst ohne einen solchen Gottesmann fallen Ungehorsam und Aufkündigung der Gefolgschaft alles andere als leicht.

Umgekehrt ist jeder von uns unter bestimmten Umständen anfällig dafür, fügsames „Kultanhängerverhalten" zu zeigen. Eine Tendenz zu Konformität, Autoritarismus oder blinder Glaubensbereitschaft mag es, rein statistisch besehen, wahrscheinlicher machen, dass eine Person einer Täuschung aufsitzt, aber passieren kann es jedem von uns.

XXVIII. Wahlmöglichkeiten

Selbstverständlich haben wir alle das Recht, jeder beliebigen Subkultur beizutreten und auch dabei zu verbleiben; es gilt dies ganz unbesehen. Gleichwohl sind die Risiken nicht von der Hand zu weisen, die es bedeutet, sich naiv in ein Milieu zu begeben, das, wenn man die dazugehörigen Lehren erst einmal verinnerlicht hat, nicht so leicht mehr verlassen werden kann. Es besteht insofern eine ethische Minimalverpflichtung, andere davor zu warnen, was auf sie zukommen kann, wenn sie sich freiwilllig in ein derartiges Umfeld begeben. Sich für das Recht einzusetzen (wie viele Psychologen und sonstige „professionals" dies tun[109]), sich auf den ein oder anderen „Heiligen Blödian" einzulassen und sich ihm völlig unterzuordnen, ohne die Schwierigkeiten in Betracht zu ziehen, die es bedeuten kann, ihn wieder zu verlassen, liegt jenseits akzeptabler menschlicher Ignoranz: solche Haltung verursacht mit absoluter Garantie mehr Leid, als es jemals aufzuheben in der Lage ist.

---

109 Gemeint sind die US-Autoren Dick Anthony und Ken Wilber, Herausgeber eines kultapologetischen Buches mit dem Titel *Spiritual Choices: The Problem of Recognizing Authentic Paths to Inner Transformation* (St. Paul / USA 1986). Auf deutsch erschien das Buch unter dem Titel *Meister, Gurus, Menschenfänger: Über die Integrität spiritueller Wege* (Frankfurt am Main, 1995).

Die US-Psychologen Thomas Robbins und Dick Anthony etwa bieten eine maßlos vereinfachende Sicht der Zwänge, über die Menschen in geschlossenen Kultgemeinschaften festgehalten werden: *Der psychologische Druck, der aufgebaut wird, um das Verlassen (sogenannter) Kulte zu verhindern, sollte, ebenso wie der Druck der jeweiligen peer groups, in seinen Möglichkeiten nicht verglichen werden mit bewaffneten Wachposten und Grenzzäunen* (Robbins und Anthony, 1982).

Man erzähle das Zimbardos „Gefangenen", für die die systemimmanenten Zwänge psychologisch noch *weitaus* destruktiver waren, als irgendwelche „bewaffneten Wachposten und Grenzzäune" es je hätten sein können. Tatsächlich läuft es auf genau das Gleiche heraus, ob die Zwänge nun über Gruppendruck, über tatsächliche Zäune oder über Ängste vor „bösen Geistern" induziert werden: allesamt machen sie es dem Einzelnen extrem schwer, das jeweilige Milieu zu verlassen, selbst dann, wenn er sich ursprünglich freiwillig hineinbegeben hat.

Die rituellen Quälereien, denen sich Anwärter auf die Mitgliedschaft bei US-Studentenverbindungen freiwillig unterziehen, sind es wert, näher betrachtet zu werden. Es ist bekannt, dass solche Anwärter aus freien Stücken erdulden, verprügelt zu werden, den eigenen Urin zu trinken oder Erstickungsanfälle zu erleiden beim Versuch, Stücke roher Leber zu schlucken (Cialdini, 2001). Sie tun das nun nicht als Ergebnis von „mentaler Kontrolle", irreführenden Versprechen, Schlafentzug oder hypnotischem Chanten wie bei Sektenkulten, vielmehr lassen sie das freiwillig mit sich machen, um Mitglied einer „ingroup" zu werden, „gerettet vor der sozialen Verdammnis, ein Nicht-Dazugehörender zu sein".

Kontrollierte Studien haben nachgewiesen: Je größer die Quälerei und die Leiden sind, die man erdulden muss, um etwas zu erlangen, desto größerer Wert wird dem Erlangten später zugemessen. *Es zeigte sich, dass die Strenge des Initiationsrituals die Verpflichtung des Neuaufgenommenen der Gruppe gegenüber erheblich steigert* (Cialdini, 2001). Und: Je verpflichteter jemand sich fühlt, desto schwerer wird es natürlich sein, die Gruppe wieder zu verlassen.

Die Erfahrung Zen-Meditierender, die endlose Stunden in der Sitzhaltung des *Zazen*[110] verbringen, mit brennenden Knien, schmerzenden Gliedern und mit Stockschlägen auf den Kopf, sollten sie ihre Sitzposition auch nur ein wenig verändern, unterliegen unbestreitbar exakt demselben Prinzip: sie tun nichts anderes, als um Aufnahme in eine Bruderschaft zu betteln, deren Mitglieder sie für erleuchteter, respektierter und bewundernswerter halten, als sie selbst es sind.

Ob nun in alledem seitens der spirituellen Führer etwaige Berechnung oder Böswilligkeit eine Rolle spielt, ist an dieser Stelle nicht von Bedeutung. Der psychologische Effekt ist in jedem Fall der gleiche: Wenn jemand durch extremes Leid und durch Demütigung jeder Art hindurchgegangen ist, um der „Erleuchtung" näherzukommen oder einfach um „dazuzugehören", wird er auf große psychologische Probleme stoßen, wenn er die Gemeinschaft wieder verlassen wollte; alleine schon, wenn er sich die Frage stellen wollte, ob „Erleuchtung" überhaupt zu irgendetwas gut sein soll.

Ashrams sind, meiner Erfahrung zufolge, Irrenanstalten, voll von argwöhnischen und geistig armseligen Menschen. Die meisten der Ashrams, die ich kennengelernt und besucht habe, sind keine geheiligten Orte, an denen Menschen geistig voranschreiten; vielmehr sind es Orte, an denen sie regredieren – in blinden Devotionalismus, in pseudospirituelle Aufgeblasenheit, in gruppeninterne Rivalitäten, in Nach-

110 Zazen (jap. = Sitzmeditation) ist das zentrale Element des Zen-Buddhismus: in betont aufrechter und unbewegter Sitzhaltung wird meditative Innenschau betrieben.

ahmen der sogenannten Meister und Nachplappern dessen, was diese von sich geben. Bedauerlicherweise muss ich sagen, dass ich in den Ashrams sehr wenig an wirklichem spirituellem Fortschritt gesehen habe (Harvey[111], 2000).

Einer spirituellen Organisation mag man aus vielerlei Gründen beitreten: von der infantilen Suche nach Elternersatz hin zur vermeintlich erwachsenen Hoffnung, noch in diesem Leben „Befreiung“ oder „Erleuchtung“ zu erlangen. Und ist man einmal beigetreten, gibt es eine vergleichbare Bandbreite an Gründen, auch dabeizubleiben. Ein früherer Ashram-Insasse[112] schätzt diesbezüglich, dass 85 Prozent aller Mönche und Nonnen, die er in seinem Ashram kennenlernte, nur aufgrund von Macht-, Kontroll- oder Co-Abhängigkeitstrips dort waren, oder aus schierer Angst vor der „Welt da draußen“; vielleicht auch aus dem Gefühl heraus, etwas „Größerem“ zuzugehören oder weil sie Gefallen gefunden haben am „Sternenstaub“, der auf ihre Kutten rieselt, sprich: an der Beweihräucherung, die sie aufgrund ihrer Position im Ashram erfahren, eine Form von Respekt, die sie nirgendwo sonst auf der Welt und aus keinem wie auch immer gearteten Grunde erführen, am wenigsten für so wenig an eigener Leistung wie es das Tragen einer Kutte in einer bestimmten Farbe darstellt. Oder sie waren einfach aus Bequemlichkeit dort, vielleicht auch, weil sie sich in einer Falle sitzend vorkamen, oder weil sie schlicht zu dämlich waren, etwas Besseres für sich zu finden. Andere Gründe, dabeizubleiben,

111 Peter Harvey ist Professor für buddhistische Studien an der University of Sunderland/England und Autor des Standardwerkes *Introduction to Buddhist Ethics* (Cambridge, 2000). Ob er mit seiner Kritik an Hindu-Ashrams auch buddhistische oder sonstige Klöster meinte, ist nicht bekannt.

112 Geoffrey Falk spielt auf seine eigene Mitgliedschaft in Yoganandas „Self-Realisation Fellowship“ an.

umfassen üblicherweise finanzielle Zwänge oder verkümmerte Fähigkeiten, mit der „wirklichen Welt“ zurande zu kommen. Tatsächlich ist es in dem Maße, in dem das eigene Leben in den frühen Phasen des Engagements in irgendeiner spirituellen Organisation sich zum Positiven hin verändert zu haben scheint, wahrscheinlicher, dass man all seine weltlichen Güter der „göttlich inspirierten“ Sache übertragen hat. Diese noble, wenngleich naive Hingabe macht es natürlich *ungleich* schwerer, den Ashram zu verlassen, wenn die „Liebe“ nachlässt und man zu erkennen beginnt, worin man sich da verstrickt hat.

XXIX. Nach der Quälerei

In meinem eigenen Fall war es so:[113] Nachdem ich den Yogananda-Ashram *Hidden Valley* verlassen hatte, begegnete ich zufällig dem Mönch, der meine Position und meinen Arbeitsplatz dort übernommen hatte. Ich versuchte, ihn über die Probleme der *Self-Realisation Fellowship* in Kenntnis zu setzen.

Seine Reaktion?

„Wenn irgendetwas wirklich falsch liefe, würde Yogananda aus dem jenseitigen Mahasamadhi[114] einschreiten und dazwischengehen. Bis dahin blickt der Meister vermutlich nur hernieder und lacht über die Schwächen seiner Schüler. Zwischenzeitlich sollten wir das Augenmerk darauf richten, *uns selbst* zu verändern, anstatt uns Sorgen zu machen über derartige Dinge." Oder so ähnlich.

Auweh! Mit dergestalter „Weisheit" braucht es keine Ignoranz; und mit dergestaltem „Mitgefühl" keine Abgebrühtheit mehr. An welchem Punkt im langsamen Abstieg der Gurus dieser Welt mitsamt ihren Organisationen in den

---

113 Als Mitglied der „Self-Realisation Fellowship" lebte Geoffrey Falk neun Monate lang im „Hidden Valley Ashram" der Paramahansa-Yogananda-Organisation nahe San Diego (Kalifornien).

114 Yogananda starb 1952. Im Sprachgebrauch der „Self-Realisation Fellowship" begab er sich in Mahasamadhi (sanskrit = große meditative Versenkung).

schieren Aberwitz wäre jemals ein Gott oder einer aus der einschlägigen Riege „aufgestiegener, allwissender“ Meister eingeschritten, um Pädophilie, spirituellen Inzest, massive psychologische und körperliche Misshandlung oder Schlimmeres innerhalb eines Ashrams oder Klosters zu beenden? Wann jemals wäre Jesus eingeschritten, den sexuellen Missbrauch von Ministranten in der Katholischen Kirche zu beenden? Und andere Gurus sollen da mehr Interesse oder größere Fähigkeiten haben, in ihrem Namen verübten Missbrauch zu beenden?

Und wenn sie nicht einschreiten, verläuft dann alles so, wie es verlaufen sollte? Zu allgemeinem Wohle? *Bend over here it comes…?*[115]

💣💣💣

Wir können nicht Zuflucht nehmen zu der Idee, dass all die Figuren, die in diesem Buche vorgestellt wurden, einfach „falsche Lehrer“ waren oder sind, und dass die wirklich erleuchteten Lehrer sich nicht so armselig verhielten wie diese; auch kann man nicht sagen, wie es manchmal und fälschlicherweise getan wird, dass „naive Westler“ Gurus folgen, die im „spirituellen Osten“ niemand ernst nähme. Wenn es tatsächlich so etwas wie „echte Gurus“ gäbe, wer hätte je daran gezweifelt, dass Vivekananda, Trungpa, Muktananda oder Yogananda dazuzuzählen wären? Es handelt sich bei ihnen keineswegs um die *schlechtesten* aller Gurus, vielmehr sind sie weithin als die *besten* anerkannt! Von Ramakrishna etwa wird gesagt, er sei einer der *sehr wenigen über jeden*

115 Das US-Idiom „Bend over here it comes again“ (=Bück’ dich, hier kommt’s schon wieder) bezeichnet den Rat, einer wiederholt auftretenden unangenehmen Situation keinen Widerstand entgegenzusetzen, sondern sich „wegzuducken“. Durch Weglassen des „again“ assoziiert die Phrase die Aufforderung eines katholischen Priesters an einen Ministranten, ihm *a tergo* zur Verfügung zu stehen.

Zweifel erhabenen Heiligen und Weisen Indiens gewesen, inmitten einer wahrhaften Pest sogenannter Swamis, Gurus, erleuchteter Meister, Maharishis, Bhagwans und dergleichen der jüngeren Zeit (Oldmeadow, 2004).

Nach all dem, was wir gesehen haben, dürfte es leicht fallen, mit der Sichtweise George Orwells einherzugehen: *Heilige sollten grundsätzlich schuldig gesprochen werden, solange ihre Unschuld nicht erwiesen ist* (Orwell, 1980).

Entscheidend ist mit Blick auf all diese Figuren nicht, ob die eine oder andere ihrer Visionen nun real oder nur eingebildet war; ebensowenig, ob der Grad ihrer Erleuchtung auch nur ein Zehntel dessen ausmacht, was sie und ihre loyalen Anhänger behaupten (was nicht der Fall ist). Es ist auch unnötig, sich Gedanken zu machen, ob die jeweilige Organisation nun als Sektenkult zu bezeichnen ist, oder ob man den Begriff „Gehirnwäsche" verwenden sollte in der Beschreibung ihrer Methoden der Kontrollausübung. Vielmehr ist hinsichtlich selbst der „besten" dieser Figuren die grundlegende Frage zu stellen: Würden Sie einem davon ihre mentale, psychische oder körperliche Gesundheit überantworten wollen?

„Ihr spiritueller Lehrer ist ein erleuchteter Meister?"
Maharishi. Trungpa. Muktananda. Swami Rama. Gurumayi. Chinmoy. Jetsunma. Andrew Cohen. Werner Erhard...

„Ihr spiritueller Lehrer ist *ein* Avatar [= vom Himmel herabgestiegener Meister]?"
Vivekananda. Sivananda. Aurobindo. Dalai Lama. Babaji. Lahiri Mahasaya. Sri Yukteswar. Yogananda. Ramakrishnas Frau. Aurobindos Mutter. Ananda Moyi Ma. Mother Meera. Ma Jaya Sati Bhagavati. L.Ron Hubbard...

„Ihr spiritueller Lehrer ist *der* Avatar [= *der* vom Himmel herabgestiegene Meister]?"
Ramakrishna. Jiddu Krishnamurti. Meher Baba. Yogi Bhajan. Satya Sai Baba. Da Avatar. Rajneesh. Carlos Castaneda. Sun Myung Moon. David Koresh. Jim Jones. Charles Manson. Jesus Christus ...

XXX. Lasst es uns besser machen

Was, nach alledem, bleibt nun übrig von „Spiritualität" und „Erleuchtung"?

Zunächst, wie einer von Yogi Bhajans früheren Anhängern mit Blick auf das restriktive Umfeld der Guru-Community zutreffend anmerkte: *Mit Sicherheit waren all die hirnvernebelnden Stunden gemeinsamen Singens und Meditierens keine schlechtere Art meine Zeit zuzubringen, als vor dem Fernseher zu sitzen* (K. Khalsa, 1994).

Zudem sind die vermeintlichen Unterschiede zwischen traditionellen und nicht-traditionellen Religionen weitaus geringer, als man vielleicht glauben möchte: Nimmt man ein Dutzend oder mehr Schüler und eine Guru-Figur, macht es die der Situation innewohnende Psychodynamik weitgehend unerheblich, ob der „eine, wahre, beste Guru", dem sie hingebungsvoll nachfolgen, nun Jesus, Rajneesh oder Adi Da heißt. Auch die um die jeweiligen Gurus herum etablierten Organisationen würden nach ein paar Jahrhunderten kultureller Assimilation nicht mehr voneinander unterscheidbar sein. Ob es einem gefällt oder nicht: was die Schüler Adi Das von diesem glauben oder die Anhänger Cohens von dessen „Vollkommenheit" und „Erlöserfähigkeiten", ist um nichts weniger lachhaft als das, was Christen von Jesus glauben. Oder man vergleiche L. Ron Hubbards Geschichten von Xenu und Teegeeack mit den biblischen Geschichten von Garten Eden und Sündenfall: Nimmt man die jeweiligen *stories* wörtlich, gibt es hinsichtlich ihrer mangelnden Plausibilität wahrlich keinen Unterschied. Oder was sagt man zu der Vorstellung, dass Gott einem Propheten oder einer Gruppe von Menschen mitteilt, wie sie ihr Essen zubereiten müssen, damit sie sein Wohlgefallen finden? Würde diese Idee nicht im „akzeptablen" traditionellen Kontext einer etablierten Religionsgemeinschaft präsentiert, hielte man sie für den Gipfel sektenkultischer Absurdität.

Gleichermaßen offensichtlich ist, dass es keiner „Gehirnwäsche" bedarf, um Menschen dazu zu bringen, mit Feuereifer an Ideen zu glauben, die bei Lichte besehen nicht den geringsten Sinn machen. Tatsächlich sollte jedem, der sich nicht bereits der einen oder der anderen Seite verpflichtet fühlt, klar sein, dass die Vorstellung, Jesus Christus sei der eingeborene Sohn Gottes, nicht absonderlicher ist, *aber auch nicht weniger absonderlich*, als der Respekt einem spirituellen Führer und seiner Ehefrau gegenüber [= Moon und Moon[116]], die sich als „Wahre Eltern der Menschheit" ausgeben. Von Glaubensüberzeugungen wie der letztgenannten wird gleichwohl angenommen, sie würden schleichend und auf bewusst in die Irre führende Weise induziert: durch das Zurückhalten von Informationen, durch Schlafentzug, auch durch „love-bombing" [= Überfluten mit positiver Zuwendung] und andere Techniken der „Bewusstseinskontrolle". Das erstgenannte „vernünftige" Wahngebilde hingegen kommt völlig natürlich und ungezwungen daher, seine Um-

116 Gemeint sind der koreanische „Reverend" Sun Myung Moon (geb. 1920) und seine Frau Hak Ja Han Moon, die 1954, angeblich von Gott dazu berufen, die sog. „Vereinigungskirche" (ursprünglich: „The Holy Spirit Association for the Unification of World Christianity", später auch als „Moon-Bewegung" bekannt) begründet haben.

setzung wird von großen Teilen der Alltagsgesellschaft aktiv willkommen geheißen.

Wenn einer sagt: „Aufgrund einer Gehirnwäsche dachte ich, irgendein Guru sei der Erlöser der Menschheit, aber jetzt, da ich ausreichend gesundet bin, wieder klar denken zu können, erkenne ich, dass tatsächlich Jesus Christus der Erlöser ist", mag einem Außenstehenden das reichlich komisch vorkommen – oder auch nicht. Jedenfalls bietet es einen augenöffnenden Einblick in den Umstand, dass selbst die lächerlichsten Vorstellungen als völlig „normal" und „vertrauenswürdig" angesehen werden können, wenn nur genügend Leute daran glauben.

Umgekehrt mag einer vielleicht ganz traditionell und selbstversichert jüdischen Glaubens sein und, basierend auf den Heiligen Schriften der dafür zuständigen weisen Männer früher Zeit, glauben, dass der Messias erst noch kommen werde. Woher aber soll dieser Gläubige wissen, dass der Messias nicht etwa aus Korea kommt (wie beispielsweise Reverend Moon)? Wie sollte er einen „falschen" Messias vom „richtigen" unterscheiden können, mit dessen Ankunft ja jeden Tag zu rechnen sei? Aufgrund vollbrachter „Zeichen und Wunder" vielleicht (wie bei Sai Baba)? Oder aufgrund angeblich bewirkter Wunderheilungen (wie bei Yogananda)? Oder gar aufgrund seiner „göttlichen Liebe", für die seine frühesten Anhänger bis herauf zu seinen heutigen bürgen (die vermutlich allesamt die gleiche „Liebe und Seelenruhe" auch ausgehend von Jim Jones oder Elvis Presley verspürt hätten)?

Wenn Gott zu Adam und Abraham sprach, weshalb sollte er nicht genausogut auch zu Ramakrishna und Sai Baba sprechen? Andersherum: wenn keiner der heutigen „Weisen Männer" das ist, was sie vorgeben zu sein, was sollte einen zur Auffassung bringen, bei den gleichermaßen „authentischen“ Propheten längstvergangener Tage sollte es sich anders verhalten haben? Angesichts fehlender wissenschaftlicher Methoden in alten Zeiten und einem damit einhergehenden größeren Maß an Aberglauben, können diese alttestamentarischen Figuren allenfalls *weniger* verlässlich sein als die modernen Gurus.

Ob man nun andächtig daran glaubt, dass ein messianischer Weihnachtsmann vor zweitausend Jahren lebte oder dass der Weihnachtsmann leibhaftig heute unterwegs ist oder dass der wahrhafte Weihnachtsmann erst noch kommen werde an einem lange herbeigesehnten zukünftigen Weihnachtsabend: all dies ist kindischer Glaube an etwas, das *offensichtlich gar nicht existiert.* Eines dieser Märchen als glaubhaft anzusehen und all die anderen als lachhaft oder „eindeutig sektiererisch“, überstiege meine persönliche Toleranzgrenze. Sollte sich herausstellen, dass der dicke Kerl, der da in rotem Anzug im örtlichen Einkaufszentrum (bzw. Ashram) herumhängt, nicht der „wirkliche“ Weihnachtsmann ist, sollte man nicht schlauerweise diesem Fingerzeig der Erkenntnis folgen, anstatt all die anderen Einkaufszentren (bzw. Ashrams) dieser Welt zu durchsuchen, in der Überzeugung, in einem davon müsse der echte zu finden sein?

Einer sagt, er könne verschiedenfarbige Auren rund um verschiedene Leute sehen? Gut. Man nehme zwei Personen und decke sie so mit Sichtblenden ab, dass ihr angebliches Energiefeld (sofern es solches geben sollte) darüber hinausragen kann. Man achte darauf, dass es keine Möglichkeit für Schummelei oder Absprachen gibt. Wenn einer tatsächlich Auren sehen kann, müsste er in der Lage sein, diese in einer Versuchsreihe den dazugehörigen Personen mit einem besseren Ergebnis zuzuordnen, als die Wahrscheinlichkeit dies erwarten ließe.

Ein anderer sagt, er beherrsche die Kunst der Fernwahrnehmung.[117] Ausgezeichnet. Man nehme eine Zahl mit fünf Ziffern, schreibe sie auf ein Stück Papier und hefte dieses an einem bestimmten Ort an die Wand. Der Fernwahrnehmende kann die Zahl nur sehen, wenn er zu einem vereinbarten Termin tatsächlich mit seinem „Astralkörper" an den entsprechenden Ort reist. Sollte er tatsächlich dazu in der Lage sein, dürfte er keine Schwierigkeiten haben, die Zahl korrekt zu benennen.

Dies sind kostengünstige und eindeutige „Ja-oder-Nein"-Experimente, im Gegensatz etwa zu den „feinstofflichen Ausflügen" des US-Parapsychologen Ingo Swann zum Planeten Jupiter in den späten 1970ern (Randi, 1982) oder zu den „remote viewing"-Experimenten der US-Anthropologin Marilyn Schlitz, in denen sie „touristische Sehenswürdigkeiten in Rom von ihrem Wohnort in Detroit aus" zu sehen vorgab (Gorski, 2001). Sie fordern von den „Vertretern des Übernatürlichen" auf einfache Weise, ihre behaupteten Fähigkeiten unter streng kontrollierten – das heißt: doppelverblindeten – Bedingungen vorzuführen, unter denen sie sich nicht selbst täuschen oder etwaige Einbildung für Realität halten können. Die beiden angeführten Experimente wurden ebenso wie eine Vielzahl weiterer ganz ähnlicher ungezählte Male durchgeführt (z.B. Blackmore, 1986; Lane, 1997; Randi, 2003a): Die behaupteten paranormalen Fähigkeiten haben sich dabei durchgängig als Einbildung herausgestellt.

---

117 Fernwahrnehmung (engl. = remote viewing), ein Teilbereich der Parapsychologie, ist das angebliche Erlangen von Informationen über einen Ort oder eine Situation, von denen der Wahrnehmende räumlich getrennt ist. Die Informationen werden angeblich auf „astralem Wege" eingeholt, d.h. über einen vom physischen Körper loslösbaren „Astralkörper", der sich frei durch Raum und Zeit bewegen kann. Belege für die Existenz von Astralkörpern bzw. die Möglichkeit von Fernwahrnehmung gibt es nicht.

Fraglos gibt es die weiter oben angeführten Techniken der „Gedankenkontrolle“, fraglos werden sie auch eingesetzt und verschlimmern die Dinge in größerem Ausmaß und weit schneller voranschreitend, als die in Zimbardos Studie eingesetzten Techniken der Entpersonalisierung, Zwangsernährung, Demütigung und des Schlafentzuges dies zu bewirken vermochten. Aber selbst in einer „vertrauenswürdigen und traditionellen“ Religionsgemeinschaft, die ohne derlei Techniken auskommt, ist, sobald man „göttliche Führung“ und die „Unfehlbarkeit der in der Hierarchie Höhergestellten“ akzeptiert hat, Ungehorsam nicht mehr möglich. Sobald man in das Gedankengebäude der tatsächlichen Existenz von Höllenfeuer, ewiger Verdammnis und dergleichen eingesponnen ist, kann man nicht mehr aussteigen, ohne die ewige Glückseligkeit der eigenen Seele aufs Spiel zu setzen.

Selbstredend hat jedermann jede Freiheit – selbst nach all dem Gesagten –, daran zu glauben, dass Jesus auf wundersame Weise Nahrungsmittel vermehrt habe, um die Massen zu speisen (wie das auch Sai Baba getan haben soll); oder dass er (wie auch Yogananda) Tote zum Leben erweckt habe; oder dass er gar selbst von den Toten auferstanden sei (wie das auch von Yoganandas Guru, Sri Yukteswar, überliefert ist).

Sobald nur genug Menschen daran glauben, Jesus Christus (wahlweise auch Adi Da) sei der eingeborene Sohn Gottes, zur Welt gekommen durch jungfräuliche Geburt (wahlweise auch über „Dildogeburt“) und aufgestiegen in die Herrlichkeit Gottes, hört das Ganze auf, hirnrissig zu sein und beginnt zum Teil einer „Überlieferung“ zu werden, weitergereicht von den Anhängern des „einen wahren und besten Gurus“ an ihre Nachkommen. In der Tat gilt als grundlegendes Prinzip: *Eine Glaubensgemeinschaft ist eine*

Glaubensgemeinschaft: So wie die jeweilige Doktrin jenen, die nicht dazugehören, bizarr erscheint, so erscheint sie jenen, die dazugehören, als ganz normal (Goffman, 1961).

Hätten nur genug Menschen daran geglaubt, Adi Da sei der „größte aller Selbstverwirklicher" oder dergleichen, wäre es unvermeidlich zu ebensolcher Denkvereinheitlichung und Glaubensüberlieferung gekommen, und es wäre plötzlich abwegig erschienen, *nicht* zu glauben, er sei „der Größte". Dankenswerterweise ist das nicht passiert.

US-Sektenexperte Rick Ross weist auf eine Reihe von Merkmalen hin, nach denen man in einer Gruppe bzw. einem Führer bei der Frage nach „Vertrauenswürdigkeit" suchen sollte. Diese reichen von Ermutigung der Anhänger zu kritischem Denken und individueller Selbstbestimmung über das Geltenlassen konstruktiver Kritik hin zu einem demokratischen Umfeld samt bereitwilliger Offenlegung der Finanzen (vgl. Ross, 2005c).

Viel Glück jedem, der eine beliebige Anzahl dieser Merkmale in irgendeiner der „authentischen und spirituell transformierenden" Gruppen zu finden sucht. Und dies, obgleich solche Gruppen durchwegs und *per definitionem* mit einem Führer ihren Anfang nehmen, der „spirituell höherentwickelt" daherkommt und die „Wahrheit" augenscheinlich sehr viel klarer sieht als die Menschen um ihn herum. Dieser Führer verdankt seine Position nicht nur dem Umstand, dass er ein besseres oder gebildeteres Verständnis der einen oder anderen „Heiligen Schrift" aufweist, sondern vielmehr der Behauptung, dass er eine „höhere Stufe der Erleuchtung" erklommen habe. Es ist also keineswegs überraschend, dass selbst die besten unter den spirituellen Gemeinschaften weltweit sehr schnell zu Brutstätten von Problemen degenerieren, in denen die idealistischen Anhänger sich dann verwundert die Frage stellen: „An welchem Punkt genau ist die Sache schiefgegangen?“

Das Sortiment „erleuchteter“ Individuen, wie es in diesem Buch zu finden ist, zeigt keineswegs die *schlimmsten* unter den spirituellen Lehrern dieser Erde, vielmehr die allgemein anerkannt *besten* davon. Die quer durch das Buch bekundete Geringschätzung der Guru-Schüler-Beziehung hat insofern nichts zu tun mit simpler Ablehnung solcher Beziehung zugunsten von Individualität und Unabhängigkeit, ohne dass die Vorteile berücksichtigt würden, die darin liegen, von einem Lehrer zu lernen, der schlauer ist als man selbst. Vielmehr ist solche Geringschätzung Ausdruck der unvermeidbaren Erkenntnis, dass die Guru-Schüler-Beziehung in jedem einzelnen Fall mit größter Wahrscheinlichkeit weit mehr Schaden anrichtet, als dass sie zu etwas gut wäre.

Wenn die Menschen wirklich gut informiert würden, würden sie schlechten Gurus gegenüber immun sein (Robert Thurmann, in Watanabe, 1998).

Nun, Sie als Leser oder Leserin dieses Buches dürften ja mittlerweile „wirklich gut informiert“ sein. Insofern sollte es Ihnen keine Überraschung sein, zu erfahren, dass der oben zitierte Robert Thurman[118] während der apokalyptischen Amtszeit Richard Bakers im *San Francisco Zen Center* diesem in enger Freundschaft verbunden war; oder dass er immer noch loyaler Bewunderer des schwulenfeindlichen Dalai Lama ist.

118 Robert Thurman (geb. 1941), Professor für Buddhistische Studien an der New Yorker *Columbia University*, wurde vom Dalai Lama höchstpersönlich als buddhistischer Mönch ordiniert; er dient diesem und seiner „Exilregierung“ seit je als US-Propagandamegaphon.

Ebenso wenig dürfte es Sie überraschen, dass Thurman, trotz seiner aus lebenslangen spirituellen Studien und Praktiken gewonnenen Immunität schlechten Gurus und hohlköpfigen religiösen Lehrern gegenüber, Gründungsmitglied ausgerechnet von Ken Wilbers *Integral Institute* wurde. Vermutlich würden Sie insofern auch nicht vom Stuhl fallen, wenn Sie erführen, dass er eine Sammlung an Gesprächen über Buddhismus und Politik herausgegeben hat, geführt von ihm selbst mit dem Wunderheiler Deepak Chopra.[119] (Interessanterweise haben sowohl Thurman als auch der Dalai Lama das im Jahre 2000 erschienene Buch Chopras *How to Know God* [deutsch: *Gott kennenlernen*, DVD, 2008] ausdrücklich gutgeheißen, ebenso wie Ken Wilber und Uri Geller dies taten. Thurman nannte es das „wichtigste Buch der Jetztzeit über Gott". Nicht genug damit hob Michail Gorbatschow[120] Chopra auf den Sockel des „unzweifelhaft leuchtendsten und inspirierendsten Philosophen unserer Tage".)

Zeitgleich wurde Thurman vom *Time*-Magazin zu einer der fünfundzwanzig einflussreichsten Persönlichkeiten in den USA gekürt, während die *New York Times* ihn zu „Amerikas Nr. 1-Buddhisten" erklärte. Der springende Punkt dabei ist, dass man sich ersichtlich nicht einmal bei den besten und höchstangesehenen Figuren innerhalb des Buddhismus oder sonstiger Traditionen darauf verlassen kann, dass sie anderes fertigbrächten – sofern man den Fehler machte, ihrem „wirklich gut informierten" Ratschluss zu folgen –, als einen *direkt*

119 Deepak Chopra (geb. 1946 in Neu-Delhi) ist Autor zahlreicher Szenebestseller über Spiritualität, Alternativheilkunde, Positives Denken und dergleichen; seine religionsphilosophischen Auslassungen richten sich an ein Publikum, das nach einfachen Antworten sucht.

120 Michail Gorbatschow (geb. 1931), vormals Generalsekretär des ZK der KPdSU und Präsident der Sowjetunion, ist bekannt für seine esoterische Schlagseite; er gilt als enger Freund des Dalai Lama wie auch des rechtslastigen koreanischen Sektenführers San Myung Moon.

„spirituellen Lehrern" zuzuführen, um die man besser beraten wäre, einen großen Bogen zu machen. Selbst jemand wie der renommierte buddhistische Lehrer Jack Kornfield[121] hat darin versagt, mit Blick auf die straflos gebliebenen Regelverletzungen in Chögyam Trungpas *Naropa-Institute*, auch nur minimalst angemessene Recherchen anzustellen, bevor er seine vorgeblich verlässliche und wasserdichte Meinung zu diesem zum Besten gab.

Wenige „Experten" im Bereich östlicher Spiritualität sind besser informiert, vertrauenswürdiger und besonnener als Thurman und Kornfield. Gleichwohl ist es nur ein kleiner Schritt von ihnen und ihren „informierten" Meinungen dahin, dass man sich als Anhänger von Figuren wie Chögyam Trungpa, Richard Baker oder des „tibetischen Herabgekommenen"[122] [= Dalai Lama] wiederfindet.

Das wiederkehrende Phänomen „schlechter Gurus", gegen die es keine Immunität gibt, solange an der Hoffnung festgehalten wird, dass doch einer von ihnen einen Suchenden näher an die Erleuchtung heranführen könne, ist in jedem Einzelfall absolut vorhersehbar. Der Grund dafür liegt darin, dass unumschränkte Macht korrumpiert, und zwar *nicht nur manchmal*, sondern *immer*. (Genau genommen stammt dieser Satz von Lord Acton, formuliert in Reaktion auf das

121 Der US-Amerikaner Jack Kornfield (geb. 1945) gilt als einer der wichtigsten westlichen Lehrer für (ursprünglichen) Theravada-Buddhismus; er ist Mitglied des *Mind&Life Institute*, über das er in regelmäßigem Austausch mit dem Dalai Lama steht.

122 Im Original ist vom Dalai Lama ironisch als „Tibetan Catholic" die Rede: der griechische Begriff „katholikós" bedeutet wörtlich „über alle/alles herabgekommen".

1870 durch Papst Pius IX. verfügte Dogma päpstlicher Unfehlbarkeit.[123])

Ganz abgesehen von möglicherweise „vorbildlichem Verhalten“ irgendeines Gurus kann menschliche Übertragung und Projektion einen „Gott“ selbst „aus einem Haufen Scheiße“ erschaffen – wie Nityananda wohl wissen dürfte.[124] Man kann es sich nicht leisten, sich mit naiv-positiver Attitüde in eines dieser „spirituellen“ Milieus hineinzubegeben, auf das Beste zu hoffen, nur das Gute in den anderen zu sehen und im Übrigen darauf zu vertrauen, dass der Guru und seine Gefolgsleute einen schon auf den richtigen Weg führen werden, während man sämtliche Warnsignale für das „Schlechte“ ignoriert. Denn es ist exakt derlei „pollyannahaftes“ Verhalten,[125] das Orte wie Jonestown, Rajneeshpuram oder sonstige „wahre Sanghas“ wie die von Chögyam Trungpa, Muktananda oder Yogananda erst hervorbringt.

---

123 Das Dogma päpstlicher Unfehlbarkeit wurde während des Ersten Vatikanischen Konzils (1869/70) als kirchenverbindlich festgelegt. Der britische Katholik Emmerich Lord Acton (1834-1902) wandte sich mit seinem später berühmt gewordenen Satz dagegen: *All power tends to corrupt and absolute power corrupts absolutely* („Alle Macht neigt dazu, [den Mächtigen] zu korrumpieren, und absolute Macht korrumpiert absolut“).

124 Der weithin berühmte Guru Bhagawan Nityananda (um 1897-1960) pflegte ein kultisches Verhältnis zu Kuhscheiße: bevorzugt schmierte er sich frische Kuhfladen auf den Kopf, auch soll er Kuhfladen gerne verzehrt haben.

125 „Pollyanna“ ist der Titel eines 1913 erschienenen und in den USA bis heute äußerst populären Kinderbuches von Eleanor H. Porter. Es erzählt die Geschichte eines Waisenmädchens, das als Vermächtnis seines Vaters eine naiv-optimistische Weltsicht mitbekommen hat, genannt „The Glad Game“ (= Das Frohsinnsspiel), das darin besteht, Negatives einfach auszublenden und in jeder Situation etwas zu finden, über das man sich freuen kann.

Kein geringer Teil dessen, was Mystiker von wirklich Geistesgestörten unterscheiden soll, ist die Fähigkeit, Realität und Hirngespinst – externalisierte „Stimmen", „Visionen" und dergleichen – auseinanderzuhalten. Diese Fähigkeit zur Unterscheidung ist exakt das, was allem Anschein nach fehlt bei Vorstellungen „astraler Mond-Kannibalen-Sklaven" (Adi Da), herumwuselnder Kobolde (Findhorn) oder bei den nicht unter einen Hut zu bekommenden Inkarnationen Leonardo da Vincis (Yogananda). Insofern wäre es durchaus möglich, dass sich die jeweiligen „weisen Männer" schlichtweg jeden Schritt ihrer „erleuchtenden" spirituellen Erfahrungen eingebildet, daherhalluziniert oder sich auf autohypnotischem Wege selbst suggeriert haben.

Der vorhergehende Punkt macht den Umstand, dass eine Person sich auf einem sehr hohen Grad spiritueller Entwicklung befinden kann und zugleich auf einem sehr niedrigen Bewusstseinsstand hinsichtlich moralischer Richtlinien, grundsätzlich irrelevant. Wenn jemand den Unterschied zwischen „realer" und eingebildeter spiritueller Erfahrung nicht benennen kann, ist es nicht nur das Fehlen moralischer Höherentwicklung oder dergleichen, die die vorgebliche Weisheit von Lehre und Verhalten des jeweiligen Gurus, die ja auf ebendiesen Erfahrungen beruht, entwertet.

Vergleichsweise würde ein klinischer Schizophrener mit einem hohen Grad an moralischer oder empathischer Persönlichkeitsentwicklung immer noch einen denkbar schlechten Führer oder Guru abgeben. Dies trifft zu, ungeachtet dessen, wie klar die eingebildete „Stimme Gottes" auch zu ihm sprechen mag oder mit welcher „Integrität" er dieser in der Welt Geltung zu verschaffen sucht. Andersherum, wenn einer seine Entscheidungskraft an einen Guru abtreten möchte, sollte er doch hoffen dürfen, zu mehr als nur zu der Schlussfolgerung zu kommen: „Gewiss, er ist psychotisch, aber er verfügt über eine Menge an Integrität".

Es bleibt in der Tat reichlich wenig zurück, das lohnend wäre, sich daran festzuhalten. Wenn selbst die weithin anerkannten „besten“ Gurus augenfällig nicht zwischen Halluzination und ihren angeblich validen „Verwirklichungen“ unterscheiden können, sollten da weniger anerkannte Gurus als verlässlicher angesehen werden?

Von dieser Warte aus besehen besteht das Äußerste, was ein spiritueller Lehrer bieten kann, darin, ein anständiger, ehrlicher, bescheidener, ausgeglichener und liebevoller Mensch zu sein, und niemals ein „menschgewordener Gott“. Wenn auch nur ein Zehntel all der Anwürfe, die gegen diese Figuren vorgebracht werden, zuträfe, würde die überwältigende Mehrheit von ihnen schon beim Minimalanspruch einfachster Anständigkeit jämmerlich versagen. Den größten Teil dessen, was sie uns durch ihr eigenes Verhalten beizubringen suchen, sollte kein vernünftiger Mensch lernen wollen.

Selbst wenn sie tatsächlich so erleuchtet sein sollten, wie sie behaupten, machte das keinen Unterschied: Wer von ihnen sollte, angesichts der Befundlage endemischer Charaktermängel, der Welt jemals mehr zunutze sein als ihr Schaden zu bringen? Wozu sollte ihre vielgerühmte „Erleuchtung“ gut sein? Und: Sollte es so etwas wie „Karma“ oder „Reinkarnation“ tatsächlich geben, wer sollte in künftigem Leben strengere Buße zu gewärtigen haben für all die zu verantwortenden Missstände, als die hochrespektierten und als heilig angesehenen Hanswürste, von Ramakrishna, dem „Christusgleichen“, an abwärts?

Die gute Nachricht ist gleichwohl, dass keine dieser großsprecherischen Figuren, die der Welt unglaubhaft vorgaukeln, heilig, mitfühlend und weise zu sein, die geringste Macht über irgendjemanden hat, außer jener, die ihnen von ihren Anhängern übergeben wird. Ohne deren gehorsame Unterwürfigkeit und das gläubige Schlucken ihrer haltlosen Behauptungen und breit gestreuten Übertreibungen, würde sie vertrocknen und fortgeweht werden, als hätten sie nie existiert.

Eins gilt es ausdrücklich festzuhalten: Die offenkundig instabilen oder auch radikal unzuverlässigen „besten“ unter den weisen Männern, wie sie hier zur Rede stehen, sind zu großem Teile dieselben, aufgrund deren Behauptungen und Autorität es so weithin akzeptiert wird, dass es so etwas wie „höhere Verwirklichung", auch „Erleuchtung" genannt, überhaupt gibt. Wenn ihnen freilich noch nicht einmal in überprüfbaren Details ihrer paranormalen Behauptungen vertraut werden kann, kann man sich dann wirklich darauf verlassen, dass sie die „höheren Verwirklichungen", aus denen sie das Gros ihrer Berühmtheit herleiten, zutreffend wiedergeben?

Wenn so verdammt viel von alledem, was die höchstverehrten spirituellen Selbst- bzw. Gottverwirklicher in der Geschichte dieses Globus gesagt oder geschrieben haben, mutmaßliche Halluzination, nachweisliche Verdrehung der Tatsachen oder belegbare Übertreibung war: Will man es sich da wirklich leisten, auch nur *eine einzige* ihrer Behauptungen „guten Glaubens" hinzunehmen? Und wenn nicht: Was sollen wir mit der zeitlosen Hochachtung der „Institution Guru" gegenüber machen und dem Glauben, dass Gurus einen über bedingungslosen Gehorsam einer „Erleuchtung" näher bringen können, deren sie, jenseits puren Selbstbetruges, sehr wahrscheinlich selbst nicht teilhaftig sind? Stellt denn solcher Glaube und solche Hingabe ein in irgendeiner Weise erwachseneres oder vernünftigeres Herangehen ans Leben dar als der Glaube, man erhalte vergleichbar profane Geschenke vom Weihnachtsmann, wenn man seiner Ermahnung folgt, „brav", sprich: gehorsam, zu sein, anstatt „böse"?

Es mag ja durchaus mehr dran sein an Religion und Spiritualität als bloße Halluzination, Persönlichkeitsspaltung, Psychose, Übertragung, Co-Abhängigkeit oder das Bedürfnis nach Zugehörigkeit seitens der Gläubigen beziehungsweise das Ausleben von autoritären Powertrips oder von primitivem Sadismus seitens der Gurus. Die betrübliche Tatsache aber ist, dass die beschriebenen Gesetzmäßigkeiten absolut hinreichen, genau die Situation herbeizuführen, die in der von freiheitsbeschneidenden Guru-Erlösern durchsetzten

„spirituellen Welt“ zu beobachten ist. In der Tat: *es geht gar nicht anders.*

Das wirkliche Leben bietet mehr als genug an „Lernerfahrungen“, sollte man sie zu Selbsterkenntnis und persönlichem Wandel nutzen wollen. Niemand braucht einen Guru oder einen einengenden, freiheitsberaubenden Ashram dazu. Kein weiterer Guru ist dazu vonnöten, keine weitere Religion, keine weitere Kirche oder aus dem Jenseits gechannelte Botschaft – all das ist wirklichem spirituellem Wachstum (was immer das sein soll) noch nicht einmal dienlich. Vielmehr liegt es an jedem einzelnen von uns, unsere Unabhängigkeit und Intelligenz zu nutzen, uns selbst zu besseren Menschen und diese Welt zu einer besseren Welt zu machen – mit oder ohne Meditation.

Jeder möge auf seinem eigenen Weg voranschreiten: seinem „Herzen folgend“, unvoreingenommen und nach bestem Vermögen seine Vernunft einsetzend und couragiert die Wahrheit aussprechend, egal, ob das nun in die autoritäre Weltsicht irgendeines „erleuchteten“ Gurus passt oder nicht. Es mag dies vielleicht kein irrtumsfreier Weg sein, aber nach all dem, was wir gesehen haben, kann es nicht viel schlimmer kommen. Lasst uns also das Möglichste tun, es besser zu machen.

Literaturverzeichnis

Alexander, Meredith (2001), „Thirty Years Later, Stanford Prison Experiment Lives On“, in: *Stanford Report,* 22. August 2001 (www.news-service.stanford.edu/news/august22/prison2-822.html).

Allen, John L., Jr. (2004), *All the Pope's Men: The Inside Story of How the Vatican Really Thinks* (New York: Doubleday).

Anthony, Dick / Bruce Ecker / Ken Wilber (1987), *Spiritual Choices: The Problem of Recognizing Authentic Paths to Inner Transformation* (New York: Paragon House).

Atack, Jon (1992), „The Total Freedom Trap: Scientology, Dianetics and L. Ron Hubbard“ (www.factnet.org/Books/TotalFreedomTrap/TFTrap.html?FACTNet).

Baba, Upasani (1978), *The Talks of Sadguru Upasani-Baba Maharaja,* Volume 2, Part B (Sakori, India: Upasani Kanyakumari Sthan).

Bart, Peter (1998), „Defenders of the Faith Should Stand at Ease“, in: *Daily Variety,* 27. Juni 1998 (www.rickross.com/reference/scientology/celebrities/celebrities1.html).

Behar, Richard (1991), „The Thriving Cult of Greed and Power“, in: *Time*, 6. Mai 1991 (www.rickross.com/reference/scientology/scien413.html).

Berry, Jason (1992), *Lead Us Not into Temptation: Catholic Priests and the Sexual Abuse of Children* (New York: Doubleday).

Berry, Jason and Gerald Renner (2004), *Vows of Silence: The Abuse of Power in the Papacy of John Paul II* (New York: Simon & Schuster).

Berzin, Alex, Übersetzer und Hrsg. (1978), *The Mahamudra* (Library of Tibetan Works and Archives).

Bhajan, Yogi (1977), *The Teachings of Yogi Bhajan: The Power of the Spoken Word* (Pomona, CA: Arcline Publications).

Blackmore, Susan (1986), *The Adventures of a Parapsychologist* (Buffalo, NY: Prometheus Books).

Bob, Sri (2000), *The Knee of Daism: Deconstructing Adi Da* (www.lightmind.com/Impermanence/Library/knee/).

Boehm, Deborah Boliver (1996), *A Zen Romance: One Woman's Adventures in a Monastery* (New York: Kodansha International).

Bonder, Saniel (1990), *The Divine Emergence of the World-Teacher* (Clearlake, CA: The Dawn Horse Press).

Boston Globe, Investigative Staff of the (2003), *Betrayal: The Crisis in the Catholic Church* (New York: Little, Brown & Company).

Brennan, Barbara Ann (1993), *Light Emerging: The Journey of Personal Healing* (Toronto: Bantam Books).

Brewer, Mark (1975), „'We're Gonna Tear You Down and Put You Back Together'", in: *Psychology Today,* August 1975 (www.rickross.com/reference/est/estpt8.html).

Brooke, Tal (1999 [1990]), *Avatar of Night: Special Millennial Edition* (Berkeley, CA: End Run Publishing).

Brown, Mick (2000), „Divine Downfall", in: *The Daily Telegraph Saturday Magazine*, 27. October 2000 (www.rickross.com/reference/saibaba/saibaba3.html).

Bruni, Frank and Elinor Burkett (2002 [1993]), *A Gospel of Shame: Children, Sexual Abuse and the Catholic Church* (New York: Perennial).

Burroughs, William S. (1995 [1972]), *Ali's Smile / Naked Scientology* (Bonn, Germany: Expanded Media Editions).

Butterfield, Stephen T. (1994), *The Double Mirror: A Skeptical Journey into Buddhist Tantra* (Berkeley, CA: North Atlantic Books).

Caddy, Eileen (1976), *Foundations of Findhorn* (Forres, Scotland: Findhorn Publications).

Carlson, Peter (2002a), „Chakra Full of Scandal: Baring the Yogis", in: *Washington Post,* 27 August 2002 (www.washingtonpost.com/ac2/wp-dyn?pagename=article&node=&contentId=A64895-2002Aug26&notFound=true).

Carlson, Peter (2002), „Taking a Yogic Flier on 'Peace Bonds'", in: *Washington Post,* 29. August 2002 (www.rickross.com/reference/tm/tm37.html).
Carnahan, Sumner (1995), *In the Presence of My Enemies* (Santa Fe, NM: Heartsfire Books).
Chadwick, David (1999), *Crooked Cucumber: The Life and Zen Teachings of Shunryu Suzuki* (New York: Broadway Books).
Chadwick, David (1994), *Thank You and OK! An American Zen Failure in Japan* (New York: Penguin/Arkana).
Chew, Sally (1998), „Paradise Lost", in: *Out Magazine,* December/January (www.leavingsiddhayoga.net/homophobia_in_sy.htm).
Chinmoy, Sri (1985), *The Master and the Disciple* (Jamaica, NY: Agni Press).
Chinmoy, Sri (1978), *Meditation: Man-Perfection in God-Satisfaction* (Jamaica, NY: Aum Publications).
Cialdini, Robert B. (2001), *Influence: Science and Practice* (Toronto: Allyn and Bacon).
Clark, Tom (1980), *The Great Naropa Poetry Wars* (Santa Barbara, CA: Cadmus Editions).
Cohen, Andrew (1999), *In Defense of the Guru Principle* (Lenox, MA: Moksha Foundation).
Cohen, Andrew (1992), *Autobiography of an Awakening* (Corte Madera, CA: Moksha Foundation).
Cohen, Andrew (1989), *My Master is My Self* (Larkspur, CA: Moksha Foundation).
Cohen, Susan (2002a), „Swami Satchidananda, Integral Yoga Institute, Yogaville: A Survivor's Story", 31. August 2002 (www.rickross.com/reference/yogaville/yogaville61.html).
Cooper, Paulette (1971), *The Scandal of Scientology* (New York: Tower Publications, Inc.; der gesamte Text steht online unter: www.clambake.org/archive/books/tsos/sos.html).
Cope, Stephen (2000), *Yoga and the Quest for the True Self* (New York: Bantam Books).
Cornwell, John (1999), *Hitler's Pope: The Secret History of Pius XII* (New York: Viking).
Corydon, Bent and L. Ron Hubbard, Jr. (1998 [1987]), *L. Ron Hubbard: Messiah or Madman?* (Secaucus, NJ: Lyle Stuart Inc.; der gesamte Text steht online unter: www.clambake.org/archive/books/mom/Messiah_or_Madman.txt).

Da, Adi (1995), *The Knee of Listening: The Early-Life Ordeal and the Radical Spiritual Realization of the Divine World-Teacher* (Middletown, CA: The Dawn Horse Press).
Das, Bhagavan (1997), *It's Here Now (Are You?)* (New York: Broadway Books).
Das, Sushi (2003), „Hardly Krishna", in *The Age* (Australia), 2. Juni (www.theage.com.au/articles/2003/06/02/1054406108753.html).
Dass, Ram (1990), *Journey of Awakening: A Meditator's Guidebook* (New York: Bantam).
Dass, Ram and Stephen Levine (1977), *Grist for the Mill* (Santa Cruz, CA: Unity Press).
Desai, Yogi Amrit (1985), *Working Miracles of Love* (Lenox, MA: Kripalu Publications).
Desai, Yogi Amrit (1981), *Kripalu Yoga: Meditation-in-Motion* (Lenox, MA: Kripalu Publications).
Disciples, Eastern & Western (1979), *The Life of Swami Vivekananda* (Mayavati: Advaita Ashrama).
Downing, Michael (2001), *Shoes Outside the Door: Desire, Devotion, and Excess at San Francisco Zen Center* (Washington, DC: Counterpoint).
Doyle, Thomas P. (2003), „Roman Catholic Clericalism, Religious Duress, and Clergy Sexual Abuse", in: *Pastoral Psychology*, Volume 51, No. 3, Januar
Ebon, Martin (1968), *Maharishi, the Guru: An International Symposium* (Toronto: The New American Library of Canada Limited).
Economist (2000), „Monkey Business: Thailand's Monkish Scandals", in: *The Economist*, 30. November 2000 (www.economist.com/displayStory.cfm?Story_ID=S%26(X%20%2BQQ%3F*%0A).
Ehrlich, Richard S. (2000), „Buddhist Crimes" (www.scoop.co.nz/mason/stories/HL0011/S00003.htm).
Elias (2002), „Yogic Masturbation in Adidam" (www.lightmind.com/blogs/blogarchive-007.html).
Elias (2000), „Adidam Fundraising" (www.lightmind.com/thevoid/daismreport-03.html).
Ellis, Mark (2003), „Dalai Lama: I've Missed Sex", in: *The Mirror*, 29. Juli 2003 (www.mirror.co.uk/news/allnews/content_

objectid=13231174_method=full_siteid=50143_headline=-DALAI-LAMA--I-VE-MISSED-SEX-name_page.html).

England, Mark and Darlene McCormick (1993), „The Sinful Messiah", in: The Waco Tribune-Herald Series, *Fort Worth Star-Telegram,* 3. März 1993 (www.rickross.com/reference/waco/waco9.html).

Epstein, Edward (1995), „Politics and Transcendental Meditation", in: *San Francisco Chronicle*, 29. December 1995 (www.rickross.com/reference/tm/tm3.html).

Evans, Christopher (1973), *Cults of Unreason* (London: Harrap).

Falsani, Cathleen (2002), „All He's Saying Is ...", in: *Chicago Sun-Times*, 11. Juli 2002 (www.rickross.com/reference/tm/tm34.html).

Feuerstein, Georg (1996), „Holy Madness: The Dangerous and Disillusioning Example of Da Free John", in: *What Is Enlightenment?* Issue 9 (www.wie.org/j9/feuerstein_madness.asp?page=2).

Findhorn Community (1980), *Faces of Findhorn* (New York: Harper & Row, Publishers).

Franklin, Satya Bharti (1992), *The Promise of Paradise: A Woman's Intimate Story of the Perils of Life with Rajneesh* (Barrytown, NY: Station Hill Press).

French, Patrick (2003), *Tibet, Tibet: A Personal History of a Lost Land* (New York: Alfred A. Knopf).

Ghosh, Sananda Lal (1980), *Mejda: The Family and the Early Life of Paramahansa Yogananda* (Los Angeles: Self-Realization Fellowship).

Giuliano, Geoffrey (1989), *Dark Horse: The Secret Life of George Harrison* (Toronto: Stoddart Publishing Co. Limited).

Giuliano, Geoffrey (1986), *The Beatles: A Celebration* (Agincourt, Ontario: Methuen Publications).

Goffman, Erving (1961), *Asylums: Essays on the Social Situation of Mental Patients and Other Inmates* (Garden City, NY: Anchor Books).

Goldberg, Michelle (2001), „Untouchable?", in: *Salon,* 25. Juli 2001 (www.dir.salon.com/people/feature/2001/07/25/baba/index.html).

Goodrick-Clarke, Nicholas (2004 [1994]), *The Occult Roots of Nazism: Secret Aryan Cults and Their Influences on Nazi Ideology* (New York: New York University Press).

Goodstein, Laurie (1998), „Hare Krishna Faith Details Past Abuse at Boarding Schools“, in: *New York Times,* 9. Oktober 1998 (www.rickross.com/reference/krishna/krishna5.html).
Gordon, James (1987), *The Golden Guru: The Strange Journey of Bhagwan Shree Rajneesh* (Lexington, MA: The Stephen Greene Press).
Gorski, Timothy N. (2001), „Hearing on Swindlers, Hucksters and Snake Oil Salesmen: The Hype and Hope of Marketing Anti-Aging Products to Seniors“, in: *United States Senate Special Committee on Aging,* 10. September 2001 (www.quackwatch.org/01QuackeryRelatedTopics/Hearing/gorski2.html).
Gourley, Scott R. and Rosemary Edmiston (1997), „Adidam Comes to the Northcoast“, in: *Northcoast Journal Weekly* (www.rickross.com/reference/adida/adida4.html).
GuruNet (2003), „Sri Aurobindo: Overview of His Life“ (www.gurusoftware.com/Gurunet/AurobindoMother/Aurobindo.htm).
Hamilton, Rosemary (1998), *Hellbent for Enlightenment: Unmasking Sex, Power, and Death with a Notorious Master* (Ashland, OR: White Cloud Press).
Haney, Craig, William Curtis Banks and Philip G. Zimbardo (1973), „Interpersonal Dynamics in a Simulated Prison,“ in: *International Journal of Criminology and Penology,* 1 (der Text ist online verfügbar unter: www.prisonexp.org/pdf/ijcp1973.pdf).
Harris, Lis (1994), „O Guru, Guru, Guru,“ in: *New Yorker,* 14. November 1994 (www.ex-cult.org/Groups/SYDA-Yoga/leave.txt).
Harvey, Bob (2000a), „The Man Believers Think is God“, in: *The Ottawa Citizen*, 19. Dezember 2000 (www.rickross.com/reference/saibaba/saibaba4.html).
Harvey, Peter (2000), *An Introduction to Buddhist Ethics: Foundations, Values and Issues* (Cambridge, England: Cambridge University Press).
Hassan, Steven (2000), *Releasing the Bonds: Empowering People to Think for Themselves* (Somerville, MA: Freedom of Mind Press).
Hatengdi, M. U. (1984), *Nityananda: The Divine Presence* (Cambridge, MA: Rudra Press).
Hawken, Paul (1976), *The Magic of Findhorn* (New York: Bantam Books).

Hitchens, Christopher (1998), „His Material Highness", in: *Salon*, 13. Juli 1998 (www.salon.com/news/1998/07/13news.html).
Horgan, John (2003a), *Rational Mysticism: Dispatches from the Border Between Science and Spirituality* (New York: Houghton Mifflin Company).
Horgan, John (2003), „The Myth of the Totally Enlightened Guru" (www.johnhorgan.org/work8.htm).
Horgan, John (1999), „The Anti-Gurus" (www.johnhorgan.org/work5.htm).
Hubner, John and Lindsey Gruson (1990 [1988]), *Monkey on a Stick: Murder, Madness, and the Hare Krishnas* (New York: Penguin Books).
Huchzermeyer, Wilfried (1998), *Mother: A Short Biography* (Silver Lake, WI: Lotus Press).
Jackson, Devon (1996), „Bless You, Sir, May I Jog Another?", in: *Outside* magazine, Oktober (www.outside.away.com/outside/magazine/1096/9610febl.html).
John, Bubba Free (1974), *Garbage and the Goddess: The Last Miracles and Final Spiritual Instructions of Bubba Free John* (Lower Lake, CA: The Dawn Horse Press).
Katz, Donald (1992), *Home Fires* (New York: Harper Collins).
Kennedy, Dominic (2001), „Suicide, Sex and the Guru", in: *The Times British News*, 27. August 2001 (www.rickross.com/reference/saibaba/saibaba11.html).
Khalsa, Kamlapadi Kaur (1994), „In the Magical Soup: Meditations on Twenty Years of Cult Living (within Yogi Bhajan's 3HO)" (www.rickross.com/reference/3ho/3ho19.html).
Khalsa, Shakti Parwha Kaur (1996), *Kundalini Yoga: The Flow of Eternal Power* (New York: Perigee).
Klein, Aaron E. and Cynthia L. Klein (1979), *Mind Trips: The Story of Consciousness-Raising Movements* (Garden City, NY: Doubleday & Company).
Koestler, Arthur (1960), *The Lotus and the Robot* (New York: Harper & Row Publishers, Inc.).
Kornfield, Jack (2000), *After the Ecstasy, the Laundry: How the Heart Grows Wise on the Spiritual Path* (New York: Bantam).
Kramer, Joel and Diane Alstad (1993), *The Guru Papers: Masks of Authoritarian Power* (Berkeley, CA: Frog, Ltd.).

Kraus, Daniel (2000), „Roo the Day“, in: *Salon,* 25. August 2000 (www.dir.salon.com/people/feature/2000/08/25/roos/index.html).
Kriyananda, Swami (1979), *The Path: Autobiography of a Western Yogi* (Nevada City, CA: Ananda Publications).
Lalich, Janja (2004), *Bounded Choice: True Believers and Charismatic Cults* (Berkeley, CA: University of California Press).
Lama, Dalai (1996), *Beyond Dogma: Dialogues & Discourses* (Berkeley, CA: North Atlantic Books).
Lane, David Christopher (1997), „Occam's Razor: Critical Essays“ (www.elearn.mtsac.edu/dlane/paranormal.htm).
Lane, David Christopher (1995), *The Enchanted Land* (www.elearn.mtsac.edu/philosophy/quest.htm).
Langone, Michael D., Hrsg. (1995 [1993]), *Recovery from Cults: Help for Victims of Psychological and Spiritual Abuse* (New York: W. W. Norton & Company).
Larabee, Mark (2000), „Two Rajneeshee Members Plead Guilty“, in: *The Oregonian*, 16. Dezember 2000 (www.rickross.com/reference/rajneesh/rajneesh6.html).
Lattin, Don (1985a), „Hypnotic Da Free John: Svengali of the Truth-Seeking Set“, in: *San Francisco Examiner*, 5. April 1985 (www.rickross.com/reference/adida/adida12.html).
Layton, Deborah (1998), *Seductive Poison: A Jonestown Survivor's Story of Life and Death in the Peoples Temple* (New York: Anchor Books).
Lehnert, Tomek (1998), *Rogues in Robes: An Inside Chronicle of a Recent Chinese-Tibetan Intrigue in the Karma Kagyu Lineage of Diamond Way Buddhism* (Nevada City, CA: Blue Dolphin Publishing).
Lewy, Guenter (2000 [1964]), *The Catholic Church and Nazi Germany* (Cambridge, MA: Da Capo Press).
Light, Search For (2003), „Short Life-Sketch“ (www.searchforlight.org/TheMother_lifeSketch.htm).
Lowe, Scott (1996), „The Strange Case of Franklin Jones“ (www.american-buddha.com/franklin.jones.htm).
Lutyens, Elisabeth (1972), *A Goldfish Bowl* (London: Cassell & Co.).
Lutyens, Mary (1988), *Krishnamurti: The Open Door* (London: John Murray).

Lutyens, Mary (1983), *Krishnamurti: The Years of Fulfillment* (London: John Murray).
Lutyens, Mary (1975), *Krishnamurti: The Years of Awakening* (New York: Avon Books).
Maharishi Mahesh Yogi (1995), *Science of Being and Art of Living: Transcendental Meditation* (New York: Penguin).
Mandelkorn, Philip, Hrsg. (1978), *To Know Your Self: The Essential Teachings of Swami Satchidananda* (Garden City, NY: Anchor Books).
Mangalwadi, Vishal (1992), *The World of Gurus* (Chicago, IL: Cornerstone Press).
Mata, Durga (1992), *A Paramhansa Yogananda Trilogy of Divine Love* (Beverly Hills, CA: Joan Wight Publications).
Michel, Peter (1992), *Krishnamurti, Love and Freedom* (Woodside, CA: Bluestar Communication Corporation).
Miles, Barry (1989), *Ginsberg: A Biography* (New York: Simon & Schuster).
Miller, Russell (1987), *Bare-Faced Messiah: The True Story of L. Ron Hubbard* (Toronto: Key Porter Books Limited; der Text ist online verfügbar unter: full text online at www.discord.org/~lippard/bfm).
Milne, Hugh (1986), *Bhagwan: The God That Failed* (New York: St. Martin's Press).
MSS (2003), *Karmayogi* (Pondicherry, India: The Mother's Service Society; der Text ist online verfügbar unter: www.motherservice.org/Life & Teachings/Life and Teachings.htm).
Muktananda, Swami (1999), *The Perfect Relationship: The Guru and the Disciple* (South Fallsburg, NY: SYDA Foundation).
Muktananda, Swami (1996), *Bhagawan Nityananda of Ganeshpuri* (South Fallsburg, NY: SYDA Foundation).
Muktananda, Swami (1981), *Where Are You Going? A Guide to the Spiritual Journey* (South Fallsburg, NY: SYDA Foundation).
Muktananda, Swami (1978), *Play of Consciousness: A Spiritual Autobiography* (South Fallsburg, NY: SYDA Foundation).
Murphy, Padraic (2000), „Scandal Engulfs Guru's Empire", in: *The Age* (Australia), 12. November 2000 (www.rickross.com/reference/saibaba/saibaba2.html).
Naman, Mard (1980), „The Pure Ones," in: *New West,* Dezember (www.rickross.com/reference/3ho/3ho1.html).

Nikhilananda, Swami, Übersetzer (1984 [1942]), *The Gospel of Sri Ramakrishna* (New York: Ramakrishna Vivekananda Center).

Nirodbaran (1990), *Sri Aurobindo for All Ages: A Biography* (Pondicherry: Sri Aurobindo Ashram).

Nisbet, Matt (2000), „The Physics Instructor Who Walks on Fire", in: *Generation sXeptic*, 25. October 2000 (www.csicop.org/genx/firewalk/index.html).

Nityatmananda, Swami (1967), *SriM Darsan* (Calcutta: General Printers & Publishers Pvt. Ltd.).

Oldmeadow, Harry (2004), *Journeys East: 20th Century Western Encounters with Eastern Religious Traditions* (Bloomington, IN: World Wisdom).

Orwell, George (1980 [1949]), „Reflections on Gandhi" in: *The Collected Essays, Journalism and Letters of George Orwell, Volume 4: In Front of Your Nose, 1945-1950,* Sonia Orwell and Ian Angus, ed. (Harmondsworth: Penguin).

Paine, Jeffery (1998), *Father India: How Encounters with an Ancient Culture Transformed the Modern West* (New York: HarperCollins Publishers, Inc.).

Palmer, Susan J. and Arvind Sharma (1993), *The Rajneesh Papers: Studies in a New Religious Movement* (Delhi: Motilal Banarsidass Publishers).

Panchen, Ngari and Pema Wangyi (1996), *Perfect Conduct: Ascertaining the Three Vows* (Boston, MA: Wisdom Publications).

Peat, F. David (1997), *Infinite Potential: The Life and Times of David Bohm* (Reading, MA: Addison-Wesley).

Perez-Rivas, Manuel (2000), „A Search for Serenity", in: *Washington Post*, 6. Juli 2000 (www.rickross.com/reference/tm/tm10.html).

PlanetSave (2001), „Sex Scandal Monk Steps Down," 18. Oktober 2001 (www.web.archive.org/web/20041128090733 und www.planetsave.com/ViewStory.asp?ID=1515).

Pressman, Steven (1993), *Outrageous Betrayal: The Dark Journey of Werner Erhard from est to Exile* (New York: St. Martin's Press).

Rae, Stephen (1991), „The Guru Scene: Yes, They're Still at It! (Celebrity Cult Followers)", in: *Cosmopolitan,* August 1991 (www.rickross.com/reference/ramtha/ramtha1.html).

Raftery, Mary / Eoin O'Sullivan (2001), *Suffer the Little Children: The Inside Story of Ireland's Industrial Schools* (New York: Continuum International Publishing Group).
Rajendra (1976), *Journey to the New Age* (Sumneytown, PA: Kripalu Yoga Ashram).
Randi, James (2003a), „Swift: Online Newsletter of the JREF", 14. März 2003 (www.randi.org/jr/031403.html).
Randi, James (2000), „Commentary," 8. Dezember 2000 (http://www.randi.org/jr/12-08-2000.html).
Randi, James (1995), *An Encyclopedia of Claims, Frauds, and Hoaxes of the Occult and Supernatural* (New York: St. Martin's Press).
Randi, James (1982), *Flim-Flam! Psychics, ESP, Unicorns and Other Delusions* (Buffalo, NY: Prometheus Books).
Rawlinson, Andrew (1997), *The Book of Enlightened Masters: Western Teachers in Eastern Traditions* (Chicago, IL: Open Court).
Richardson, John H. (1993), „Catch a Rising Star", in: *Premiere,* September 1993 (www.rickross.com/reference/scientology/Scien12.html).
Riddell, Carol (1990), *The Findhorn Community: Creating a Human Identity for the 21st Century* (Findhorn, Scotland: Findhorn Press).
Rinpoche, Patrul (1998), *The Words of My Perfect Teacher* (Boston, MA: Shambhala).
Robbins, Thomas / Dick Anthony, Hrsg. (1982), *In Gods We Trust: New Patterns of Religious Pluralism in America* (New Brunswick, NJ: Transaction Books).
Rodarmor, William (1983), „The Secret Life of Swami Muktananda," in *CoEvolution Quarterly* (www.ex-cult.org/Groups/SYDA-Yoga/leave.txt).
Ross, Rick (2005c), „Warning Signs" (www.rickross.com/warningsigns.html).
Ross, Rick (2003d), „Sri Chinmoy Discusses Sex, Celibacy and How To Be a Good Guru" (www.rickross.com/reference/srichinmoy/srichinmoy21.html).
Ross, Rick (2003c), „Is a Yoga Website Promoting 'Cult' Groups?", in: *Cult News*, 24. März 2003 (www.cultnews.com/2003_03_23_archive.html).

Ross, Rick (2003a), „Time Magazine Plugs a 'Cult' Guru's Plan", in: *Cult News*, 31. Juli 2003 (www.cultnews.com/archives/week_2003_07_27.html).
Satchidananda, Swami (1977), *Guru and Disciple* (Pomfret Center, CT: Integral Yoga Publications).
Schell, Orville (2001), *Virtual Tibet: Searching for Shangri-La from the Himalayas to Hollywood* (New York: Henry Holt & Company, Inc.).
Schumacher, Michael (1992), *Dharma Lion: A Biography of Allen Ginsberg* (New York: St. Martin's Press).
Schwartz, John (2004), „Simulated Prison in '71 Showed a Fine Line Between 'Normal' and 'Monster'", in: *New York Times*, 6. Mai 2004 (www.query.nytimes.com/gst/abstract.html?res=F40D11FB34590C758CDDAC0894DC404482&incamp=archive:search).
Schwartz, Tony (1996), *What Really Matters: Searching for Wisdom in America* (New York: Bantam Books).
Sennott, Charles M. (1992), *Broken Covenant: The Story of Father Bruce Ritter's Fall from Grace* (New York: Simon & Schuster).
Shambhala (2003), „Vidyadhara Chögyam Trungpa" (www.shambhala.org/teachers/vctr/ctrbio.html).
Sherrill, Martha (2000), *The Buddha from Brooklyn* (New York: Random House).
Sil, Narasingha P. (2004), personal email communication.
Sil, Narasingha P. (1998), *Ramakrishna Revisited: A New Biography* (Lanham, MD: University Press of America, Inc.).
Sil, Narasingha P. (1997), *Swami Vivekananda: A Reassessment* (Mississauga, ON: Associated University Presses).
Sloss, Radha R. (2000), *Lives in the Shadow with J. Krishnamurti* (Lincoln, NE: iUniverse.com, Inc.).
SRF (1976), *Paramahansa Yogananda, In Memoriam: The Master's Life, Work, and Mahasamadhi* (Los Angeles: Self-Realization Fellowship).
Storr, Anthony (1996), *Feet of Clay: Saints, Sinners, and Madmen: A Study of Gurus* (New York: The Free Press).
Strelley, Kate with Robert D. San Souci (1987), *The Ultimate Game: The Rise and Fall of Bhagwan Shree Rajneesh* (San Francisco, CA: Harper & Row, Publishers).
Tarlo, Luna (1997), *The Mother of God* (Brooklyn, NY: Plover Press).

Thompson, Geoff (2000), „Scandals Follow Thailand's Monks," in: *ABC Online News,* 24. November 2000 (www.abc.net.au/pm/stories/s216493.htm).
Time (1977), „Yogi Bhajan's Synthetic Sikhism", in: *Time*, 5. September 1977 (www.rickross.com/reference/3ho/3ho94.html).
Todd, Douglas (2001), „Holy Man? Sex Abuser? Both?", in: *Vancouver Sun*, 27. Februar 2001 (www.rickross.com/reference/saibaba/saibaba6.html).
Trungpa, Chögyam (1977), *Born in Tibet* (Boston, MA: Shambhala Publications, Inc.).
Trungpa, Chögyam (1973), *Cutting Through Spiritual Materialism* (Boulder, CO: Shambhala Publications, Inc.).
Tworkov, Helen (1994 [1989]), *Zen in America: Five Teachers and the Search for an American Buddhism* (New York: Kodansha America, Inc.).
Underwood, Barbara / Betty Underwood (1979), *Hostage to Heaven: Four Years in the Unification Church by an Ex Moonie and the Mother Who Fought to Free Her* (New York: Clarkson N. Potter, Inc.).
Van de Wetering, Janwillem (1999 [1973]), *The Empty Mirror: Experiences in a Japanese Zen Monastery* (New York: St. Martin's Press).
Van der Braak, Andre (2003), *Enlightenment Blues: My Years with an American Guru* (Rhinebeck, NY: Monkfish Book Publishing Company).
Vernon, Roland (2001), *Star in the East: Krishnamurti, The Invention of a Messiah* (New York: Palgrave).
Victoria, Brian (Daizen) A. (1997), *Zen at War* (New York: Weatherhill, Inc.).
Vosper, Cyril (1997 [1971]), *The Mind-Benders: Scientology* (London: Neville Spearman; full text online at www.members.chello.nl/mgormez/books/vosper/).
Wallis, Roy (1976), *The Road to Total Freedom: A Sociological Analysis of Scientology* (London: Heinemann Educational Books Ltd.).
Warner, Judy (1990), *Transformation of the Heart* (York Beach, ME: Samuel Weiser).
Washington, Peter (1995 [1993]), *Madame Blavatsky's Baboon: A History of the Mystics, Mediums, and Misfits Who Brought Spiritualism to America* (New York: Schocken Books).

Watanabe, Teresa (1998), „Teachers or Tyrants?“, in: *L.A. Times*, 15. August 1998 (www.themotherofgod.com/latimes.htm).
Webster, Katharine (1990), „The Case Against Swami Rama of the Himalayas“, in: *Yoga Journal,* Dezember (www.rickross.com/reference/swami_rama/swami_rama2.html).
Wiener, Sita (1972), *Swami Satchidananda* (New York: Bantam Books).
Wilber, Ken (2000), *Integral Psychology: Consciousness, Spirit, Psychology, Therapy* (Boston, MA: Shambhala).
Wills, Garry (2000), *Papal Sin: Structures of Deceit* (New York: Doubleday).
Wills, Garry (1972), *Bare Ruined Choirs: Doubt, Prophecy, and Radical Religion* (Garden City, NY: Doubleday & Company, Inc.).
Winn, Denise (2000 [1983]), *The Manipulated Mind: Brainwashing, Conditioning and Indoctrination* (Cambridge, MA: Malor Books).
Yogananda, Paramahansa (1998), *Autobiography of a Yogi* (Los Angeles: Self-Realization Fellowship).
Yogananda, Paramahansa (1986), *The Divine Romance* (Los Angeles: Self-Realization Fellowship).
Yogananda, Paramhansa (1946), *Autobiography of a Yogi* (Nevada City, CA: Crystal Clarity; www.ananda.org/inspiration/books/ay/index.html).
Zimbardo, Philip G. (2004b), „A Situationist Perspective on the Psychology of Evil: Understanding How Good People are Transformed into Perpetrators“, in: A. G. Miller, Hrsg., *The Social Psychology of Good and Evil* (New York: Guilford Press; das Kapitel ist online verfügbar unter: www.prisonexp.org/pdf/evil.pdf).
Zimbardo, Philip G. (2004), „Stanford Prison Experiment Slide Show“ (www.prisonexp.org).
Zoll, Rachel (2005), „Bishops: New Sex Abuse Claims Top 1,000“ www.usatoday.com/news/religion/2005-02-18-bishops-abuse_x.htm?POE=NEWISVA).

Editorischer Hinweis

Die einzelnen Kapitel sind – mit Einverständnis des Autors – an für den Gesamtzusammenhang unerheblichen Stellen gekürzt, so dass das im Original mehr als 500 Seiten aufweisende Buch flüssiger zu lesen ist. Literaturzitate sind kursiv gesetzt, Einschübe des Herausgebers sind mit eckigen Klammern [...] gekennzeichnet. (Manch eingeschobene Erklärung wiederholt sich, um die einzelnen Kapitel auch unabhängig voneinander lesbar zu machen.) Die Übersetzung des von vielen Idiomen durchzogenen Originaltextes bemüht sich um Sinnhaftigkeit und nicht unbedingt um wortwörtliche Übertragung. In den Fußnoten finden sich Anmerkungen des Übersetzers. Das englischsprachige Original ist als kostenloser Download verfüglich unter www.strippingthegurus.com.

Der Originaltitel des Buches *Stripping the Gurus* bedeutet soviel wie „Die Gurus nackig machen", im Sinne von: ihnen „die Hosen runterziehen", sie „entzaubern".

Disclaimer der 2009 bei *Million Monkey Press*, Toronto (Kanada), erschienenen Originalausgabe (der auch für die vorliegende deutschsprachige Ausgabe gilt): Die Bezugnahme auf namentlich bezeichnete Personen in diesem Buch soll nicht heißen, die jeweilige Person repräsentiere sich als Guru; auch nicht, sie habe sich illegaler oder unmoralischer Aktivitäten in sexueller, gewalttätiger oder sonstiger Hinsicht schuldig gemacht.

Alfred Binder

Mythos Zen

ISBN 978-3-86569-057-9, 277 Seiten, kartoniert, Euro 18.-

Mythos Zen ist eine erste umfassende Analyse, die sowohl Lehre wie Praxis unter epistemischen, ethischen, historischen und psychologischen Gesichtspunkten kritisch beleuchtet. Sie entzaubert eine Welt- und Lebensanschauung, welche in den vergangenen Jahrzehnten viele Intellektuelle und Künstler faszinierte, die New-Age-Bewegung stark beeinflusste und die christlichen Kirchen spirituell anregte.

Bernd Harder

Geister, Gothics, Gabelbieger

66 Antworten auf Fragwürdiges aus Esoterik und Okkultismus

ISBN 3-86569-002-5, 206 Seiten, kartoniert, Euro 14.-

Magie, Okkultismus und Esoterik sind heutzutage alltägliche Erscheinungen. Bei genauerem Hinsehen stellt sich jedoch häufig heraus, dass der Schein trügt. Fast immer lassen sich die scheinbar übersinnlichen Phänomene nachvollziehbar erklären – ohne dass der Boden der Tatsachen verlassen werden muss. Bernd Harder zeigt, worauf es ankommt, um das vermeintlich Unerklärliche zu durchschauen.

Marcus Hammerschmitt

Instant Nirwana

Überarbeitete Neuauflage

ISBN 3-86569-005-X, 110 Seiten, kartoniert, Euro 11,50

Ein Essay über Religion und Esoterik in Zeiten des globalisierten Kapitalismus. Der Autor spürt den Irrationalismus in verschiedenen Bereichen der Gesellschaft und unterschiedlichen Erscheinungsformen auf, entlarvt die verqueren Denkweisen der Esoteriker ebenso wie die Muster der Manipulation. „Wahre Geschichten" veranschaulichen die Ausführungen.

Esther Vilar

Die Schrecken des Paradieses

Wie lebenswert wäre das ewige Leben?

Vorwort von Michael Schmidt-Salomon

Überarbeitete Neuauflage

ISBN 978-3-86569-046-3, 139 Seiten, kartoniert, Euro 13.-

Wie wäre es eigentlich, wenn es das Paradies im Jenseits wirklich gäbe? Welches Bild von den himmlischen Welten dürfen wir uns machen? Esther Vilar unternimmt den Versuch einer Antwort und führt uns durch den Himmel, erläutert das Sexualverhalten der Engel, verrät Rezepte aus der paradiesischen Küche, analysiert die jenseitige Medienlandschaft...